EUGENE SUE.

LES SECRETS
DE
L'OREILLER

3

PARIS
ALEXANDRE CADOT, ÉDITEUR,
37, RUE SERPENTE, 37.

1858

LES
SECRETS DE L'OREILLER.

Imprimerie de MUNZEL, à Sceaux.

EUGENE SUE.

LES SECRETS

DE

L'OREILLER

3

PARIS
ALEXANDRE CADOT, ÉDITEUR.
37, RUE SERPENTE, 37.

1858

XXV

A mesure que Wolfrang écoutait M. Dubousquet, il découvrait de nouveaux trésors de délicatesse et de générosité dans l'âme ingénue qui s'ouvrait à lui, mise de plus en plus en confiance par les témoignages d'intérêt dont elle était si désaccoutumée... Il y avait même quelque chose de singulièrement touchant dans la légère difficulté que cet admirable martyr du dévouement fraternel éprouvait à lier, à coordonner sa narration, ce dont il s'excusait par ces mots navrants :

— Il y si longtemps que j'ai perdu l'habitude... de causer avec quelqu'un...

Et, en effet, le forçat libéré, après avoir raconté cette scène de son enfance et de celle de son frère, hésita de nouveau ; et après un moment de silence :

— Pardon, monsieur Wolfrang... voici encore le fil de mes idées qui s'embrouille... Où en étais-je donc, s'il vous plaît, avant de vous apprendre comment mon pauvre Auguste, grâce à sa timidité invincible, avait été accusé du vol d'un encrier au préjudice de l'un de nos camarades de pension?

— Vous me disiez que, vous trouvant à dîner un jour chez votre frère, M. Borel venant partager ce repas...

— Bien!... très bien!... j'y suis... c'est cela... M. Borel arrive; Auguste lui propose d'accepter la fortune du pot. L'on s'attable. Nous étions quatre : M. Borel, Suzanne, moi et Auguste. Celui-ci, dans le courant de la conversation, dit à M. Borel : « — A propos, je » me suis décidé pour l'un des deux place- » ments dont je t'ai parlé... — Tu m'as donc

» parlé de placement?... » — répond tranquillement M. Borel (je le vois encore, il coupait son pain). — « Eh bien ! ma foi, » mon brave Auguste, je l'avais oublié... J'ai, » tu le conçois, tant d'affaires en tête!... — » Je le crois bien... tu es si occupé... » — reprend mon frère, tendant son verre à son ami pour lui demander à boire. — Il me semble, voyez-vous, monsieur Wolfrang, que j'assiste encore à cette scène, tant elle m'est restée présente. — Auguste ajoute : — Je dois verser demain les cinquante mille francs, et j'irai les chercher à ta caisse... — A ces mots, M. Borel, qui tenait en main la bouteille et versait à boire à mon frère, s'interrompt au moment de verser, regarde Auguste en riant, puis, remplissant le verre, il ajoute : « — A » ta santé, farceur !... »

M. Dubousquet, suffoqué par ce souvenir qui rend son front moite de sueur, répète avec un effroi rétrospectif, ces mots, dont la lettre était plaisante, mais dont l'esprit était si effrayant.

— Oui, monsieur Wolfrang, telle fut la première réponse de M. Borel à mon frère,

lui redemandant son argent : « — *A ta santé,*
» *farceur !* »

— Et cette réponse, ouvrit-elle les yeux
de votre frère ?

— Non, pas encore ; et il reprit gaiement :
« — Pourquoi m'appelles-tu farceur ? — Parce
» que tu me dis des farces... — Quelles far-
» ces ? » demande Auguste, qui ne comprenait toujours pas où voulait en venir son ami.
Celui-ci, se penchant alors vers Suzanne, lui
dit en riant : « — Entendez-vous cet Auguste ?
» il fait l'excellente plaisanterie de me pré-
» venir tout bonnement qu'il viendra cher-
» cher demain à ma caisse la bagatelle de
» cinquante mille francs, rien que ça ; excu-
» sez du peu ! Et votre mari a le front de me
» demander en quoi il est farceur ?

« — Mais, monsieur Borel, mon mari m'a
» dit qu'en effet il vous avait remis cinquante
» mille francs, — reprend Suzanne, com-
» mençant à s'étonner. — Ah bah !... à vous
» aussi, ma pauvre madame Dubousquet, il
» vous a fait ce conte-là, le mauvais plaisant ? »
reprend M. Borel en riant d'un air si simple, si naturel, si tranquille, que mon
frère, croyant à son tour que M. Borel vou-

lait railler, reprend gaiement : — « Bien,
» bien, d'accord; je ne l'ai pas remise, la
» somme. » Et l'on parle d'autres choses. Le
dîner s'achève, on prend le café, puis M. Borel nous dit : « — Mes amis, j'ai à travailler,
» il faut que je vous quitte. » — L'on se souhaite le bonsoir, et au moment où M. Borel
prenait son chapeau, mon frère lui dit :
« — Ainsi, j'irai demain matin à ta caisse
» chercher mon argent ? — Encore ! — s'é-
» crie M. Borel, interrompant Auguste en
» pouffant de rire ; — encore la plaisanterie
» des cinquante mille francs ? Ah ! cette fois-
» ci, je me sauve ! » — Et, riant aux éclats,
M. Borel nous laisse...

— Quelle audace ! Votre frère dut alors
cependant concevoir quelques soupçons ?

— Non, monsieur Wolfrang ; pas l'ombre
d'un soupçon.

— C'est incroyable !

— Pouvait-il seulement supposer son meilleur ami capable d'une infamie pareille ?...
Cependant, après le départ de M. Borel, Suzanne qui est une femme de tête et d'un
grand bon sens, dit à son mari : « — Ton
» ami est sans doute très aimable et très gai

» mais, dans sa position de caissier, il a
» tort, ce me semble, de plaisanter avec les
» affaires d'argent... — Bah ! entre lui et
» moi, ça ne tire pas à conséquence ; il était
» en train de rire, voilà tout, » —reprend mon
frère ; — « je n'ai besoin de mes fonds que
» demain avant midi, et j'irai les chercher à
» la caisse de Borel. »

— Et le lendemain ?

— Ah ! monsieur Wolfrang, quelle autre effrayante scène de comédie ! Mon pauvre Auguste me l'a racontée si souvent dans tous ses détails, que je la sais, hélas ! par cœur. Le lendemain, vers onze heures du matin, il se rend donc à la caisse. Pour y arriver, il fallait traverser deux pièces où travaillaient une vingtaine de commis, et Auguste était si timide qu'il éprouvait toujours un certain embarras à passer devant les jeunes gens. Il trouve M. Borel écrivant à son bureau, et qui, voyant entrer mon frère, lui dit : « — Mon
» cher ami, je suis dans le coup de feu de ma
» correspondance, je n'ai que quelques mi-
» nutes à te donner. Quel est l'objet de ta vi-
» site ? — Oh ! je ne te dérangerai pas long-
» temps, répond mon frère ; — je viens cher-

» cher mes cinquante mille francs, et je te
» laisse. »

Le repris de justice soupire, garde un moment le silence, et ajoute :

— C'est alors que, pour la première fois, se sont éveillés les soupçons d'Auguste.

— Ainsi le misérable Borel a nié le dépôt ?

— Vous allez voir, monsieur Wolfrang. Le caissier prend un air sérieux, bien que toujours amical, et dit à mon frère : « — Mon cher
» Auguste, nous plaisanterons tant que tu
» voudras, lorsque j'aurai ce loisir ; il faut
» que j'achève ma correspondance, mon pa-
» tron va venir la signer... Donc, déguerpis
» d'ici au plus vite, sempiternel farceur !... »
— ajoute M. Borel en souriant ; puis, se remettant à écrire en faisant de la tête un signe d'adieu à Auguste : « — Bien des cho-
» ses à ta femme ; j'irai vous demander à
» dîner l'un de ces jours ! »

— Cette froide dissimulation est plus horrible encore qu'un mensonge audacieux, — dit Wolfrang en frémissant. — Et votre frère ?

— Il restait atterré... il ne pouvait croire encore que son ami eût le front de nier le dépôt ; cependant il eut quelques soupçons en

voyant la persistance du caissier à regarder comme une plaisanterie la demande de restitution des cinquante mille francs; aussi dit-il à M. Borel : « — Je t'assure qu'il faut abso-
» lument que ce matin je verse cette somme.
» — Comment! tu es encore là? » — reprend le caissier qui s'était remis à écrire, et se retournant vers mon frère, il ajoute avec impatience : — « Je te le répète, je n'ai
» pas le temps d'écouter tes sornettes...
» laisse-moi donc tranquille, pour l'amour
» de Dieu!» Auguste ne devinant pas encore la vérité, quoiqu'il se sentît de plus en plus inquiet, s'efforce de se rassurer en se disant que son ami, pour une raison ou pour une autre, désirait sans doute attermoyer la restitution du dépôt, et il reprend : « — A la
» bonne heure, je reviendrai quand tu vou-
» dras, bien que ça me contrarie et me fasse
» manquer un bon placement; mais enfin,
» quand veux-tu que je revienne chercher
» mon argent?... — Ah! c'est trop fort! —
» s'écrie M. Borel, avec colère cette fois; et
» voyant entrer dans son cabinet M. Méré-
» ville aîné, il se lève et dit à Auguste : —
» Mais va-t'en donc, tu es insupportable!

» voilà le patron ! « — A l'aspect du banquier, mon pauvre frère, timide comme il l'était, n'ose insister, quitte le cabinet de son ami, mais si troublé, si éperdu, car alors il entrevoyait la triste vérité, qu'il heurte en sortant la table de l'un des commis ; il se recule brusquement, en bouscule une autre ; ces jeunes gens se mettent à rire de son air effaré ; il parvient à grand'peine, tant il était troublé, à trouver la porte des bureaux, et il sort au milieu des huées des commis.

— Et alors, quel parti prend ce malheureux ?

— Il accourt à l'administration des douanes, où je travaillais comme employé, il me raconte ce qui vient de se passer : « Mon ami,
» lui dis-je après réflexion, il est impossible,
» selon moi, que M. Borel soit assez mal-
» honnête homme pour nier le dépôt que tu
» lui as confié ; mais il y a, je l'avoue, quel-
» que chose d'inexplicable et d'inquiétant
» dans son obstination à regarder la demande
» de restitution comme une farce ; je vais
» aller le trouver, attends-moi... » Et ayant demandé à mon chef de bureau la permis-

sion de m'absenter pendant une demi-heure, je cours à la maison de banque.

Le repris de justice, à ce souvenir, lève les mains au ciel en murmurant :

— Bonté divine ! quel sangfroid ! quel front d'airain !

— Achevez, de grâce ! Hé... bien !... monsieur Borel ?

— J'étais aussi timide que mon frère : mais, ma foi, mon désir d'éclaircir cette affaire me donne de la résolution, j'entre dans le cabinet de M. Borel, bien déterminé à ne pas me laisser intimider, et je le prie de me répondre oui ou non s'il voulait rendre à mon frère son argent... Mais, hélas ! malgré ma résolution, je suis tellement abasourdi par l'accueil de M. Borel, que d'abord je reste coi...

— Quelle fut donc sa réponse ?

— Dès qu'il m'aperçoit, et devinant probablement le but de ma visite, il me coupe la parole au premier mot que je prononce et me dit avec un accent de colère contenue : « Vous venez sans doute de la part de votre » frère me faire des excuses du déplorable » scandale dont il a été cause ce matin en

» bousculant les tables et en provoquant les
» rires et les huées des commis?... »

Et me coupant de nouveau la parole, il ajoute : « Toutes les excuses du monde de la
» part de votre frère n'empêcheront pas que
» je n'aie été, grâce à lui, très durement ad-
» monesté par mon patron; il a été si cour-
» roucé du tapage de ce matin, qu'il m'a si-
» gnifié que si je recevais encore dans mon
» cabinet des personnes dont la présence est
» l'objet de pareilles algarades, et qui trou-
» blent ses bureaux, il ne me garderait pas
» chez lui. » Et voilà pourtant à quels désagréments m'exposent les sottes plaisanteries de cet imbécille d'Auguste.

— Quel abominable fourbe que ce Borel !

— Ce n'est rien encore; monsieur Wolfrang, vous allez voir : cet accueil, je vous l'ai dit, me rendit d'abord coi... puis, m'enhardissant, et révolté que j'étais d'entendre traiter mon frère d'imbécille, je prends mon courage à deux mains, et je réponds avec un grand battement de cœur : « Il ne s'agit pas de tout cela, monsieur Borel; je viens vous demander, de la part d'Auguste, à quelle heure il vous plaît qu'il vienne ici chercher les cinquante mille francs qu'il vous a confiés il y a huit jours. »

Et s'interrompant de nouveau, le forçat libéré ajoute :

— Ah! monsieur Wolfrang, quel habile et effrayant comédien que cet homme!

— Il a eu enfin l'audace de nier le dépôt?

— Bonté divine! si ce n'était que cela!

— Comment?

— Lorsque je lui eus demandé quand mon frère pourrait venir chercher son argent, M Borel, (je crois le voir encore), M. Borel me regarde, les yeux grands ouverts, la bouche béante, reste muet pendant une seconde, puis, comme s'il eût éprouvé une espèce de suffocation, il reprend d'une voix étouffée : « Vous dites... que votre frère... m'a confié,
» il y a huit jours, cinquante mille francs?...
» — Oui, monsieur. » Alors le caissier me regardant de nouveau, d'abord en silence, et paraissant de plus en plus agité, reprend :
« C'est de la part de votre frère que vous ve-
» nez me réclamer cette somme? — Oui, mon-
» sieur. — Sérieusement? — Très sérieu-
» sement. — Ah! ceci passe les bornes de
» la plaisanterie... et devient une calomnie

» infâme, » s'écrie M. Borel, semblant bondir d'indignation ; puis, courant à la porte de son cabinet que j'avais laissée ouverte, il va la fermer et revient à moi, et ayant l'air peut-être encore plus affligé que courroucé, il me dit : « Monsieur Dubousquet... Auguste était
» mon ami d'enfance ; notre affection date de
» quinze ans, je l'avais toujours cru honnête
» homme... Je veux croire encore qu'en cette
» circonstance il cède à d'abominables sug-
» gestions en essayant de me déshonorer, moi
» qui ai donné à votre frère tant de preuves
» mon amitié... mais cette ancienne et longue
» amitié m'impose un dernier devoir... je le
» remplirai... J'aurai pitié de ce malheu-
» reux... je veux être indulgent... Ainsi dites-
» lui... que si demain il ne m'écrit pas une
» lettre dans laquelle il reconnaîtra... écoutez
» tez-moi bien... dans laquelle il reconnaîtra et
» regrettera l'indigne plaisanterie qu'il s'est
» permise en vous affirmant, à vous et à d'au-
» tres sans doute, qu'il m'avait confié un
» dépôt de cinquante mille francs... vous
» entendez bien, monsieur Dubousquet ? si
» demain votre frère ne m'a pas écrit cette
» lettre, après-demain je dépose au parquet

» une plainte en calomnie contre ce misé-
» rable. »

— Ciel et terre!... quelle scélératesse!

« — ...Après-demain, je dépose au par-
» quet une plainte en calomnie contre ce mi-
» sérable... » — répète le forçat libéré sans
s'arrêter à l'exclamation de Wolfrang. —
« Allez, dites-lui cela, à votre frère, » —ajoute
M. Borel, — « et en même temps prévenez-le
» que tout est rompu entre nous, et qu'après
» sa conduite odieuse envers moi... je ne le
» reverrai jamais!» Et M. Borel me montre de
la main la porte de son cabinet... Je sors...
je vais retrouver Auguste. Eh bien, savez-
vous, monsieur Wolfrang, quelles ont été
mes premières paroles en l'abordant? les
voici : « Es-tu bien certain, mon pauvre ami,
» d'avoir confié les cinquante mille francs à
» M. Borel? »

XXVI

M. Dubousquet, ayant naïvement avoué à Wolfrang que, grâce à l'effroyable hypocrisie de M. Borel, il avait demandé à son frère s'il était bien certain d'avoir remis les cinquante mille francs au caissier, M. Dubousquet garda un moment le silence, sous l'impression de ces souvenirs qui l'épouvantaient encore.

— Ainsi, — reprit Wolfrang, — l'astuce

infernale de cet homme allait jusqu'à vous faire douter de l'affirmation de votre frère?

— Hélas! oui. Dans le premier moment, je le confesse, l'accent de M. Borel, sa physionomie, son regard, son attitude, et surtout sa menace d'attaquer Auguste comme calomniateur, m'avaient tellement impressionné, troublé, je dirais presque convaincu, que d'abord je m'étais demandé si vraiment mon frère avait confié cette somme au caissier. Pourtant je savais Auguste incapable de mensonge, mais bientôt l'impression de doute que m'avait laissée M. Borel passa comme un mauvais rêve, et je fus plus persuadé que jamais de la sincérité de mon pauvre frère.

— Et alors que fîtes-vous?

— Ma première idée fut de consulter Suzanne. Elle avait, quoique manquant d'éducation, l'esprit très juste et très ferme; mais Auguste me conjura de ne rien dire encore à sa femme de ce malheur.

— Pourquoi cela?

— De peur de lui causer un grand chagrin, et aussi de peur des reproches de Suzanne; car, ainsi que moi, mon pauvre frère était faible et craintif comme un enfant. Suzanne, excellente ménagère, était maîtresse au logis, et mon frère la redoutait comme du feu ; mais croiriez-vous, monsieur Wolfrang, qu'il était si bon, si sensible, qu'il ressentait bien moins douloureusement la perte de son argent que l'indigne déloyauté de son meilleur ami ? « Lui, lui que j'aimais tant ! se conduire ainsi, » rompre avec moi quand il a tous les torts ! » s'écriait Auguste en sanglotant à me fendre le cœur et me faisant aussi pleurer ; enfin, monsieur Wolfrang, je n'ai jamais été témoin de pareille désolation... et, je vous le répète, ce qui la causait chez Auguste, c'était surtout l'indignité de son ami. « Peut-être il aura joué » à la Bourse avec mon argent, il l'aura perdu, » c'est mal... mais enfin il m'eût avoué cela » franchement, que je lui aurais pardonné de » grand cœur, »—me disait mon pauvre frère en pleurant toutes les larmes de son corps. « — A force de travail, l'on répare une perte » d'argent, mais l'on ne parvient jamais à ou- » blier la noire méchanceté d'un ami d'en- » fance que l'on croyait sincère... »

— Vous ne pouviez cependant vous résigner ainsi à cette spoliation infâme, et ajouter foi à l'audacieuse menace de ce Borel, au sujet d'une plainte en calomnie.

— Non, sans doute ; mais vous allez encore avoir une nouvelle preuve de la bonté d'Auguste ; sa première douleur un peu calmée, je le décide à aller consulter un avocat ; mais figurez-vous, monsieur Wolfrang, que mon frère n'a jamais voulu consentir à désigner M. Borel comme la personne dont il avait à se plaindre, tant il conservait encore malgré lui d'attachement pour ce méchant homme...

— Cette faiblesse était des plus coupables !

— Il est vrai, monsieur Wolfrang, mais je vous le répète, Auguste était la faiblesse et la bontés même. — Il sera toujours temps de nommer Borel, — me disait-il ; — commençons d'abord par consulter l'avocat. — Nous nous rendons chez l'homme de loi. Mon frère, sans nommer son ami, explique les faits de son mieux, car l'émotion redoublait son bégaiement ; il devenait très difficile de le comprendre ; je vins à son aide ; l'avocat s'informa s'il y avait des témoins de la remise de la somme. — Aucun ; j'étais seul avec cette personne dans son cabinet, dit Auguste. —

Alliez-vous souvent voir cette personne dans ce même cabinet? — reprit l'avocat. — Très souvent. — Et vous n'avez pas demandé de reçu d'une somme aussi importante?... c'est inconcevable, — répliqua l'avocat ; — et mon pauvre frère de fondre en larmes et de s'exprimer d'une manière si inintelligible, tant il bégayait, suffoqué par la douleur, que je prends la parole pour lui, et je réponds que cette personne avait offert un reçu à mon frère, mais qu'il avait tant de confiance en elle qu'il aurait cru l'outrager en acceptant le reçu. — Enfin, monsieur Wolfrang, après réflexion, l'avocat dit que l'affaire se présentait très mal. L'absence de témoins lors de la remise de la somme, la fréquence habituelle des visites de mon frère à cette personne, visites réitérées qui ne permettaient pas de préciser celle qui avait pour objet le dépôt d'argent; enfin, le refus presque incroyable d'accepter le reçu d'une si forte somme, et la réputation jusqu'alors sans tache du dépositaire (selon qu'avait dit mon frère à l'avocat) rendaient d'après lui douteux le succès d'un procès... surtout lorsque le plaignant seul était si embarrassé, si timide et pouvait si difficilement s'expliquer, par suite d'une infirmité naturelle. Or cette difficulté deviendrait probablement insurmontable lorsqu'il devrait, en pleine audience, sous les yeux du public et du tribunal, jurer devant Dieu et devant les hommes qu'il disait la vérité.

— L'observation de l'avocat n'était que trop fondée... votre malheureux frère, mis en présence de ce Borel, qui eût payé d'assurance et d'audace, devait succomber dans ce débat, où, faute de preuves matérielles, l'avantage devait rester à celui des deux qui saurait persuader les juges de sa sincérité.

— Voilà justement ce que nous a dit l'homme de loi en terminant sa consultation, monsieur Wolfrang. Aussi me rappelant que mon pauvre Auguste, encore enfant et accusé du larcin d'un encrier, avait, malgré son innocence, convaincu tout le monde qu'il était coupable, je vis bien qu'il nous fallait renoncer à plaider, surtout lorsqu'en sortant de chez l'avocat, lequel cependant nous engageait à porter plainte, Auguste me dit, tremblant de tous ses membres à cette seule pensée : — Moi, prêter serment à la face de Dieu et des hommes !... et cela devant les juges... devant le public et surtout devant Borel que j'ai tant aimé! Est-ce que c'est possible? La vue de cet indigne ami me bouleverserait, je me trouverais mal à plat ou je mourrais du coup... Ainsi c'est fini... il ne faut plus espérer de recouvrer mon argent. Qu'il le garde, mon argent, ce Borel! ah! j'aurais cent fois préféré, si je l'avais possédé, lui prêter le double de cette somme et le conserver pour ami...

— Ainsi aucune plainte n'a été portée contre le caissier ?

— Non, monsieur Wolfrang, et bien plus ..

— Achevez...

— Vous allez blâmer sévèrement mon pauvre Auguste, mais, je vous le répète, vous ne pouvez vous imaginer sa faiblesse et sa bonté...

— Quoi !... cette lettre imposée par Borel sous menace d'une plainte en diffamation, votre frère l'aurait écrite ?

— Non, pas précisément, mais il a fait ce raisonnement : — Il n'y a plus à espérer de ravoir mon argent, me dit-il, puisque si je dépose plainte contre Borel je serai, je me connais bien, je serai terrassé, écrasé par son assurance et déshonoré aux yeux de tous comme un homme qui réclame un dépôt qu'il n'a pas confié. D'un autre côté, si Borel m'attaque comme calomniateur, et il en est capable, mon Dieu, je serai perdu, je ne saurais pas me défendre. Hé bien ! puisqu'il me faut renoncer à mon argent, je suis décidé à écrire à celui qui fut si longtemps mon ami (et Auguste sanglotait de nouveau), non que j'aie menti en lui réclamant cinquante mille francs, on me tuerait plutôt que de me faire signer cela, parce que c'est le contraire de la vérité ; mais je lui écrirai qu'il peut être tranquille que je ne réclamerai jamais rien de lui, qu'il n'entendra jamais parler de moi, car il m'a fait bien du mal, à moi qui lui étais si tendrement attaché.

— Cette lettre, il l'a écrite ?

— Hélas ! oui, malgré tout ce que j'ai pu faire pour l'en dissuader.

— Ah ! ce n'était pas seulement montrer une faiblesse coupable, c'était se rendre complice du fripon qui le dépouillait !

—Je ne vous dis pas le contraire, monsieur Wolfrang... mais que voulez-vous ? tel était le caractère de mon pauvre Auguste.

— Mais la perte de cette somme ruinait votre frère ?

— A peu près... Il ne lui restait que huit mille francs environ q'uil avait destinés au fond de roulement de ses métiers...

— Il a donc caché à sa femme l'abus de confiance dont il était victime ?

— Mon Dieu oui. Il a fait croire à Suzanne que, M. Borel lui ayant rendu la somme, il l'avait placée, selon sa première intention, dans une entreprise, et, plus tard, il a dit à sa femme que l'entreprise ayant mal tourné, ses capitaux avaient été perdus...

— La scélératesse de ce Borel est effrayante, dit Wolfrang après un moment de silence. Ce qui m'étonne, c'est qu'un homme capable d'un acte semblable eût joui jusqu'alors d'une réputation irréprochable.

— Cependant, il la méritait, monsieur Wolfrang. Ce qui, voyez-vous, l'a poussé au mal, c'est l'aveugle confiance de mon frère et surtout l'occasion... Car, peu de temps après cet évènement, nous nous sommes rappelé cela, Auguste et moi, mais trop tard... M. Borel nous avait dit plusieurs fois : — Si j'avais à moi une quarantaine de mille francs... je les risquerais dans une spéculation dont j'ai l'idée. Elle est très chanceuse, mais si elle réussissait, elle pourrait me rapporter plus de deux cent mille francs... Avec ces deux cent mille francs, je prendrais un intérêt dans la maison dont je suis caissier ; MM. Méréville se font vieux, je les remplacerais bientôt ; or, comme sans vanité, je suis très actif et plus entendu aux affaires que mes patrons ; je deviendrais en dix ans plusieurs fois millionnaire, parce qu'il n'y a que le premier million qui coûte à gagner ! — Le premier million, M. Borel l'aura probablement gagné avec les deux cent mille francs produits par la spéculation entreprise avec l'argent de mon pauvre Auguste.

— Mais comment se fait-il que votre frère, si timide, si sensible et doué d'une extrême délicatesse de cœur, — reprend Wolfrang après un moment de réflexion, — ait commis une tentative de vol et de meurtre dont vous avez porté la peine avec un dévouement sublime, pauvre cher martyr ?

— Ah ! dame, monsieur Wolfrang, c'est que la faim, comme on dit : chasse le loup du bois.

XXVII

Wolfrang, à ces mots du forçat libéré : — *La faim chasse le loup du bois !* — reprit :

— Votre frère est donc tombé dans la détresse après avoir été dépouillé par ce misérable Borel ?

— Hélas ! oui... Et, depuis ce moment, la vie de mon pauvre Auguste n'a été qu'un long tourment... Rien ne lui a réussi : la

mauvaise fortune s'acharnait sur lui. Tenez...
j'ai beaucoup souffert, n'est-ce pas, monsieur Wolfrang ? Hé bien ! mes souffrances n'ont rien été auprès de celles de mon frère... parce qu'il souffrait en outre de celles de sa famille... Ainsi d'abord, il s'est expatrié...

— En suite du vol dont il était victime ?

— Oui, monsieur ; il était propriétaire de quelques métiers à Lyon comme feu notre père... mais n'étant pas lui-même artisan et n'ayant plus de capital pour les faire marcher, sauf le peu qui lui restait, et cela n'avait pas duré longtemps, il ne pouvait plus continuer son industrie. Suzanne l'engagea à prendre alors une grande résolution. On parlait depuis quelque temps des trésors du Nouveau-Monde ; Auguste n'avait pas encore d'enfant, sa femme était courageuse, dévouée, ils partirent pour l'Amérique, emportant une petite pacotille et environ quatre mille francs ; je n'ai pas besoin de vous dire, monsieur Wolfrang, que pouvant vivre avec mes appointements d'employé de la douane, j'avais mis mon patrimoine à la disposition d'Auguste ; il refusa, me disant : — Si plus tard je suis dans le besoin, je t'écrirai, mais la

somme que j'emporte et les bénéfices de la vente de notre pacotille nous suffiront pendant quelque temps à ma femme et à moi...
Enfin ils partirent. A quoi bon vous raconter, monsieur Wolfrang, leurs déceptions, leurs fatigues, leurs peines, les dangers qu'ils ont courus dans ce pays encore sauvage ? Puis, durant leur séjour en Amérique, trois enfants leur étaient nés. Non, voyez-vous, monsieur Wolfrang, ce que cette malheureuse famille a souffert en ce temps-là ne peut s'imaginer! Ce que je ne comprends pas, c'est qu'ils ne soient pas tous morts à la peine.

— Et votre frère ne s'adressait jamais à vous dans son malheur?

— Une seule fois... trois ans après son départ, il m'apprit que tout ne réussissait pas comme ils l'avaient espéré, mais qu'ils ne perdaient pas courage (il ne voulait pas m'inquiéter); il me demandait deux mille francs... je lui en envoyai six mille. Connaissant sa délicatesse, je ne doutais pas que sa demande fût au-dessous de ses besoins. J'ai su depuis qu'avec cette somme ils avaient encore tenté un petit commerce en Amérique... mais... rien ne leur réussissait. Cependant, depuis cette époque jusqu'à son retour, mon frère m'a toujours trompé en m'écrivant qu'ils se suffisaient à eux-mêmes.

— Afin de ne pas s'adresser de nouveau à votre bourse ?

— Hélas ! oui... Et pourtant il le savait bien... tout ce que je possédais... était à leur disposition ; enfin, vint ce jour funeste... où mon pauvre Auguste...

Le repris de justice, profondément ému à ce souvenir, s'interrrompt pendant un moment, puis il reprend :

— Il faut vous dire, monsieur Wolfrang, que, dès avant que monsieur Borel eût dépouillé mon frère, je demeurais dans une maison voisine de celle de messieurs Méréville et Compagnie, où était établie leur banque ; je louais un petit rez-de-chaussée, dont les fenêtres s'ouvraient sur une impasse, fermée d'un côté par la muraille du jardin de messieurs Méréville. Cette muraille, peu élevée, était, du côté de l'un des jardins, garnie intérieurement d'un treillage. J'insiste sur ces détails, vous saurez tout à l'heure pourquoi...

Monsieur Borel avait alors fait fortune ; il

succédait à ses anciens patrons et occupait leur maison. Je n'avais pas reçu de nouvelles de mon frère depuis environ six mois, lorsqu'un soir, vers les dix heures, on frappe à mes carreaux. Je logeais, je vous l'ai dit, au rez-de-chaussée ; il n'y avait pas de portier, ainsi que dans presque toutes les maisons de Lyon. J'ouvre ma fenêtre; la nuit était très noire; je demande qui frappe ; je reconnais la voix d'Auguste... je m'empresse de le faire entrer chez moi... Ah ! monsieur Wolfrang... quel changement, bonté divine! quel changement! je n'avais pas reconnu mon frère. Jeune encore, il avait déjà les cheveux tout blancs ; et puis il était si décharné, si bruni, enfin, l'expression de sa figure, jadis d'une grande douceur, me parut tellement sinistre, qu'il me fit peur. Des haillons le couvraient. Ma surprise, ma douleur, en le trouvant ainsi, et cependant ma joie de le revoir, vous les comprenez. Nous tombons dans les bras l'un de l'autre ; je fondais en larmes; Auguste, quoiqu'aussi tendre pour moi que par le passé, ne pleurait pas, lui: il n'avait plus de larmes, il en avait trop versé depuis longues années! Nous nous calmons; il m'apprend qu'il arrive d'Amérique, ainsi que sa famille... qu'il a laissée à Paris avec le peu d'argent qui lui restait, son voyage payé, une cinquantaine de francs environ... Il était venu à pied de Paris à Lyon, couchant par charité dans les écuries des auberges, et vivant de quatre sous de pain par jour. Son voyage lui coûtait moins de dix francs. Un malheur, me dit-il, venait de lui arriver le soir même, non loin des portes de la ville... Il avait en route perdu son passe-port, un gendarme en route remarque la mauvaise mine de mon frère, vêtu comme un mendiant, lui demande ses papiers ; il répond qu'il les a perdus la veille ; le gendarme ne se contente pas de cette raison, et veut arrêter Auguste ; il résiste, étend à ses pieds le gendarme d'un coup de bâton, se sauve dans le bois de Saint-Sauveur, s'y cache jusqu'à la nuit, et ensuite se rend chez moi. Auguste me trompait : cette arrestation était une fable, et de cette fable vous saurez plus tard le motif, monsieur Wolfrang... mais alors je ne doutais pas de la vérité du récit de mon frère, et même je lui dis : Comment, toi... si timide, si craintif, tu as osé résister à un gendarme? — Ah ! le malheur et celui de ma femme et de mes enfants m'ont donné du cœur au ventre, et maintenant je ne crains personne, — me répondit-il ; — et en me disant cela, son regard déterminé m'effrayait. Je lui demande alors quels sont ses projets.—Rester caché chez toi pendant quelques jours jusqu'à ce que l'on renonce à me chercher, si l'on me cherche au sujet de ma rixe avec le gendarme, — me répond-il. — Puis, tu me prêteras quelques centaines de francs, je retournerai à Paris chercher ma femme et mes enfants, je les amènerai ici ; Suzanne reprendra son métier de tissus, et s'il le faut, je servirai les maçons pour gagner mon pain. — Vous sentez bien, monsieur Wolfrang, que tant que j'aurais eu un liard à moi, mon frère et sa famille n'auraient manqué de rien ; mais connaissant la délicatesse d'Auguste, je le laisse dire...

— Et ne vous parlait-il jamais de ce Borel ?

— Pardon, pendant les trois jours qu'il a passés chez moi, mon frère, en me racontant ses souffrances et celles des siens, s'écriait souvent en fermant les poings, et avec ce regard sinistre qui me donnait la chair de poule : — C'est ce brigand-là... qui est cause de tous nos malheurs ; il y a au bagne des galériens moins scélérats que lui !... — Hélas ! tu ressens maintenant plus cruellement que jadis le mal que t'a fait M. Borel, pauvre frère, — dis-je une fois à Auguste. — Oh ! oui, — me répond-il, — le désespoir a crevé ma poche au fiel ; je ne suis plus bon enfant ; j'ai le cœur plein de haine, et si je reconnaissais ce Borel, je crois que je le tuerais comme un chien ! Ah ! que j'ai été bête de ne pas oser autrefois l'attaquer en justice ! Malheureusement il est trop tard pour déposer aujourd'hui une plainte contre ce gredin-là, et d'ailleurs la lettre que j'ai eu la lâcheté de lui écrire dans le temps, tournerait contre moi. — Et ce que disait Auguste à ce sujet n'était que trop vrai, n'est-ce pas, monsieur Wolfrang ?

— Mais trop vrai... trop vrai...

— Je cache donc Auguste chez moi, je lui donne du linge, des vêtements ; nous étions de même taille, et j'ai oublié de vous dire que nous nous ressemblions ; nous avions surtout ce qu'on appelle un air de famille. Le matin j'allais à mon bureau selon mon habitude, et je revenais à quatre heures dîner avec Auguste ; un traiteur du voisinage m'apportait mes repas, car je n'avais point de domestique ; je m'amusais à faire mon petit ménage moi-même ; personne ne pouvait donc soupçonner la présence de mon frère chez moi. Le lendemain du jour où il était arrivé, il me dit vers les neuf heures du soir : — J'ai un grand mal de tête, je vais prendre l'air pendant une heure, la nuit est sombre ; je m'envelopperai la figure d'un cache-nez, l'on ne pourra me reconnaître. — Cette sortie me semblait de la dernière imprudence, mais en vain je m'efforçai de dissuader mon frère de son dessein ; au moment de me quitter, il me dit : — Il faut tout prévoir ; le hasard peut me mettre nez à nez avec mon gendarme, ils ont l'œil perçant, et s'il me reconnaît, je serai obligé de fuir pour lui échapper ; en ce cas, il me sera peut-être impossible de rentrer cette nue chez toi ; je suis sans le sou, prête-moi une vingtaine de francs, j'irai, si j'y suis forcé, coucher à l'auberge. — Ces réflexions de mon frère redoublent mon inquiétude ; je le supplie encore de ne pas sortir ; il persiste alors.

Je lui donne deux cents francs en or : il refuse, m'objectant qu'il n'a pas besoin d'une si forte somme. — Je lui réponds que si un malheur arrive, il peut être obligé de se sauver de Lyon sans me revoir, et qu'alors il vaut mieux avoir en poche plus que moins. Enfin, il accepte et part... Je l'attends avec l'angoisse que vous devez concevoir, monsieur Wolfrang... Une heure... deux heures... trois heures se passent... il ne revient pas... Je me désespérais... Enfin, à une heure du matin, Auguste rentre. Il portait un sac assez volumineux et qui semblait pesant... Il me dit en arrivant qu'il regrette l'inquiétude qu'il a dû me causer par son retard prolongé, mais n'ayant pu résister au désir de parcourir sa ville natale, dont il était éloigné depuis tant d'années, le temps avait passé sans qu'il s'en aperçût, et il n'avait d'ailleurs fait aucune mauvaise rencontre. — Puis il ajoute en me montrant son sac : — J'ai acheté quelques objets pour mon voyage, car je suis résolu à partir après-demain... On aura renoncé à me chercher, j'ai hâte de revoir ma femme et mes enfants ; mais en attendant, où pourrai-je enfermer cela ? — A quoi bon l'enfermer ?

personne n'entre ici, mon frère. — Il n'importe, me répond Auguste ; je préfère mettre ces objets sous clé. — Je lui indique alors un placard dont il prend la clé, après avoir déposé son sac dans cette armoire. Je me souvins plus tard d'avoir remarqué, sans y attacher d'importance, que les genoux du pantalon et les reins de la redingote que j'avais donnés à mon frère, étaient blanchis comme s'il se fût frotté à une muraille.

— Est-ce que déjà il avait accompli cette tentative de vol ?

— Non, monsieur Wolfrang... mais il était allé reconnaître les lieux. Le sac qu'il rapportait contenait, je l'ai appris plus tard, une lanterne sourde, véritable objet de luxe, qui valait au moins vingt francs... (Vous saurez tout à l'heure pourquoi j'insiste sur le prix de cette lanterne) une pince en fer, une grosse corde à nœuds, à l'extrémité de laquelle était ajusté un large crochet. Auguste connaissait Lyon comme un enfant de la ville ; il avait acheté ces objets chez un de ces marchands de ferraille qu'il savait trouver près de Perrache.

— Ainsi, cette corde devait servir à votre

frère pour escalader la muraille du jardin de la maison du banquier?...

— Hélas! oui, monsieur Wolfrang, et la pince de fer à forcer la caisse. Mon malheureux frère connaissait les êtres de cette maison, où il était allé cent fois voir M. Borel au temps de leur amitié.

— Mais dans quel but vous avait-il raconté cette prétendue rixe avec un gendarme?

— Afin de pouvoir, sous ce prétexte, rester caché pendant trois jours chez moi, et ainsi s'emparer par un vol de la somme dont un abus de confiance l'avait dépouillé. — Telle est la triste vérité, monsieur Wolfrang.

— Et rien n'a pu vous faire soupçonner les projets de votre frère?

— Rien au monde. Comment l'aurais-je supposé capable d'une action pareille, lorsque tout ce que je possédais était à sa disposition?

— Et il a préféré recourir au vol?

— Oui; et, si extraordinaire que cela paraisse, il agissait ainsi par délicatesse envers moi.

— Comment cela?

— D'abord, il était persuadé que reprendre

par la force ce qu'on lui avait dérobé par la ruse; ce n'était pas voler; car plus tard, lorsqu'il est venu me voir au bagne, savez-vous ce qu'il m'a dit : « Borel m'avait volé; j'espérais rentrer dans mon bien et ne pas abuser de ta générosité. »

— Mais, par quelles circonstances avez-vous pu être accusé du crime commis par votre frère?

— Vous allez le savoir, monsieur Wolfrang.

XXVIII

M. Dubousquet se recueillit un instant en songeant à cette nuit fatale qui lui rappelait de si pénibles souvenirs, et il reprit :

— C'était un jeudi du mois d'octobre, Auguste devait, m'avait-il dit, repartir pour Paris le lendemain par la diligence de minuit. Je rentre de mon bureau à l'heure accoutumée, nous passons la soirée ensemble, mon frère et moi ; tantôt il paraissait préoccupé, tantôt presque attendri ; sa figure redevenait douce, il me regardait avec ses bons yeux d'autrefois, et, en causant, il tenait presque toujours une de mes mains dans les siennes. Je ne sais quel pressentiment m'avertissait qu'Auguste n'était pas dans son état ordinaire. — Tu as quelque chose, mon frère, lui dis-je ; je t'ai vu deux ou trois fois prêt à pleurer?—C'est vrai, je suis attristé en songeant que demain je te quitte, me répondit-il. — Ces réponses, quoique plausibles, ne calmaient pas mes vagues inquiétudes ; une autre cause que celle de notre séparation troublait mon frère, car nous devions bientôt être réunis, lorsqu'il aurait ramené sa famille à Lyon... Enfin, de temps à autre, il se levait et allait voir à travers les vitres si la nuit était sombre, et une fois, il lui échappa de dire avec une satisfaction marquée : — La nuit est bien noire, il pleut, il fait grand vent... — Frappé de l'accent avec lequel il disait ces mots, je lui dis même à ce sujet : — L'on croirait que cela te fait plaisir qu'il fasse mauvais temps ? — Oui, sans doute, reprit-il après un moment d'embarras, parce que si le temps est mauvais cette nuit, il le sera peut-être encore demain, et les gendarmes seront moins tentés de sortir ; je ne risquerai pas en allant à la diligence de rencontrer celui à qui j'ai donné un coup de bâton. — L'explication d'Auguste était acceptable, elle me suffit. Enfin, vers les onze heures, nous nous couchons ; mon frère partageait mon lit. J'ai le défaut d'avoir le sommeil très pesant. Une fois endormi et dans mon premier somme, je me réveille très difficilement ; mais, ce soir-là, cette vaine inquiétude dont je vous parlais, monsieur Wolfrang, me tenait éveillé plus longtemps que de coutume. Cependant, j'allais céder au sommeil, lorsque je m'aperçois qu'Auguste quitte le lit avec précaution. — Où vas-tu donc ? lui dis-je. — Voir si le temps continue d'être mauvais, car je pense toujours à mon gendarme, me répondit Auguste en s'approchant de la croisée. —Le temps continuait en effet d'être mauvais ; le vent soufflait si fort, que j'entendais les rafales de pluie fouetter les vitres comme de la grêle. Minuit sonnait, je me le rappelle, aux Brotteaux en ce moment. Mon frère revient se coucher près de moi, et enfin, après... je m'endors d'un sommeil de plomb... J'ignore depuis combien de temps je dormais, lorsque je suis réveillé en sursaut par Auguste ; il m'embrassait en me disant d'une voix suffoquée : — Adieu, Amédée, adieu !... — Puis, je l'entends s'élancer vers la fenêtre, sauter dans la rue et fuir en courant... Je n'avais pas de lumière, et encore à demi endormi, je me demandai si je rêvais ou non. Cependant au bout d'un moment, je me suis bien éveillé... Je me souviens que mon frère m'a embrassé et m'a dit adieu... Ma première pensée est qu'il a été découvert, qu'il a entendu les gendarmes frapper à la porte de la maison... et qu'il s'est sauvé... Cela me rassure un peu... Je me lève, afin d'allumer une chandelle ; la fenêtre est restée grande ouverte, j'y cours... Je regarde au dehors et j'écoute... Je n'entendis rien que le bruit de la pluie sur le pavé ; elle tombait à torrents, et le vent la chassait de telle sorte de mon côté, que j'étais trempé au bout des deux ou trois minutes pendant lesquelles j'étais resté à la fenêtre afin d'écouter au dehors ; je referme la croisée, en me demandant comment mon frère a pu être averti qu'on venait l'arrêter, puisque je ne voyais ni n'entendais rien dans la rue ; j'allume une lumière afin de changer de linge, car le mien ruisselait d'eau... Et alors, monsieur Wolfrang, — ajoute le repris de justice en frémissant...— je m'aperçois avec épouvante que, malgré l'eau qui la trempe, ma chemise est tachée de sang, et je vois aussi du sang sur mon traversin, où j'aperçois l'empreinte de mains sanglantes.

— Celles de votre frère, sans doute, qui, en vous embrassant et se penchant sur vous afin de vous dire adieu, avait ensanglanté votre chemise et votre lit?

— Oui, monsieur Wolfrang.

— Votre frère était donc blessé?

— Non.

— Et... ce sang?

— N'était pas le sien ; mais j'avais d'abord cru le contraire; aussi jugez de mon effroi, monsieur Wolfrang, car à la clarté de ma lumière, j'aperçois par terre la redingote que j'avais prêtée à Auguste, trempée de pluie et ayant du sang sur les manches; chose facile à distinguer, car elle était de couleur claire. Je ramasse en tremblant ce vêtement afin de l'examiner... je remarque qu'il lui manque un pan, sans doute déchiré, arraché, dans une lutte... enfin, l'armoire où j'accrochais mes habits était ouverte, et je ne doutai pas qu'Auguste n'eût changé d'habit avant de fuir...

— Et il ne vous vint pas à la pensée qu'il avait tenté de s'introduire chez le banquier ?

— Mon Dieu, non, monsieur Wolfrang ; j'étais tellement bouleversé par tout ce qui venait de se passer que je pouvais à peine rassembler deux idées... Soudain j'entends un bruit de voix dans la rue, cela me rappelle à moi-même... Je vois à travers les vitres la lueur de plusieurs lanternes, passant et repassant sous ma fenêtre, et bientôt une voix s'écrie : « Il y a de la lumière au rez-de-chaussée, c'est là. » — Presqu'en même temps, pendant que l'on frappe violemment à la porte de la maison, l'un des carreaux de ma fenêtre vole en éclats, un bras s'introduit par l'ouverture de ce bris, fait jouer l'espagnolette, et la croisée donne passage à deux hommes, qui s'élancent dans la chambre, se précipitent sur moi, et, avant que j'aie eu le temps de me reconnaître, me saisissent à la gorge et, me renversent en m'appelant assassin ! — Je sens ma raison se troubler, mes forces m'abandonnent, et je me trouve mal...

XXIX

Wolfrang, de plus en plus intéressé, commençait entrevoir le concours et l'enchaînement des circonstances fatales qui avaient rendu possible le sacrifice héroïque de M. Dubousquet, et il reprit :

— Ces personnages qui s'introduisaient ainsi violemment chez vous appartenaient sans doute à la police?

— Oui, monsieur Wolfrang ; et, lorsqu'après avoir perdu connaissance pendant une demi-heure environ, je rouvris les yeux, j'étais étendu sur mon lit, les menottes aux mains et les jambes garrottées. Mon esprit encore troublé s'éclaircit cependant peu à peu ; je vis devant mon bureau le commissaire de police, occupé à verbaliser, quelques gendarmes et les deux agents de police qui se tenaient debout dans la chambre. Mes souvenirs revenaient avec ma connaissance. Me rappelant les brusques adieux d'Auguste, le sang dont il m'avait taché, les vêtements aussi tachés de sang laissés par lui au moment de fuir ; j'entrevis pour la première fois, quoique confusément encore, une partie de la vérité ; mais la pensée qui dominait les autres, fut qu'Auguste était sauf et que c'était moi que l'on croyait coupable, puisqu'on m'avait garrotté... Cela me rassura, me donna du courage, et je me sentis bien plus à mon aise.

Ces mots admirables, si l'on songe aux sentiments qu'ils exprimaient, le repris de justice les prononçait avec une simplicité naïve, complètement insouciant de leur valeur, et il poursuivit ainsi son récit :

— Le comissaire de police, s'apercevant que j'avais retrouvé ma connaissance à un mouvement que je fis afin de me mettre sur mon séant, me dit : — Êtes-vous en état de répondre à mes questions? — Oui, monsieur. Alors quittant la table où son greffier le remplaça, le commissaire reprit : — Écrivez l'interrogatoire. — Et, s'approchant du lit où j'étais assis, il commença de m'interroger,

M. Dubousquet, s'interrompant alors, dit à Wolfrang.

— J'ai sur moi le journal des tribunaux où ont été publiées toutes les pièces de mon procès, et entre autres le procès-verbal de mon interrogatoire et des faits accomplis durant cette terrible nuit. Si vous le désirez, monsieur Wolfrang, je vous les lirai...

— Je vous le demande en grâce...

Le repris de justice va ouvrir un secrétaire, y prend une liasse de papiers dont il détache quelques feuillets, et commence ainsi à lire le procès-verbal de son interrogatoire :

— Vous vous nommez Amédée Dubousquet?

— Oui, monsieur.

— Vous êtes employé à l'administration des douanes?

— Oui, monsieur.

— Vous êtes le locataire de cet appartement?

— Oui, monsieur.

— Quel a été l'emploi de votre temps, cette nuit, depuis environ une heure du matin, jusqu'au moment où nous sommes entrés ici?

— Je me suis couché à onze heures et j'ai dormi; le bruit que j'ai entendu, lorsque l'on a brisé le carreau de ma fenêtre m'a réveillé en sursaut.

— Cela n'est pas exact. Les agents, avant de pénétrer chez vous par la fenêtre, vous ont vu à travers les vitres, debout au milieu de votre chambre, à la clarté d'une lumière, et tenant à la main cette redingote trempée de pluie et tachée de sang aux manches... Qu'avez-vous à répondre?

— Rien...

— Cette redingote vous appartient-elle?

— Oui, monsieur.

— En ce cas, si, comme vous l'affirmez, vous n'avez pas quitté votre demeure cette nuit, comment expliquez-vous que ce vêtement soit trempé d'eau et taché de sang ?

— Je ne sais...

— Comment expliquez-vous ces taches de sang à votre lit, et votre chemise aussi trempée d'eau ?

— Je ne sais...

— Reconnaissez-vous ces lettres ? Et le commissaire me montra deux lettres insignifiantes laissées par moi dans l'une des poches du vêtement prêté par moi à mon frère, — (dit le forçat libéré en manière de parenthèses), puis il continua sa lecture:

— Ces lettres sont à votre adresse ; les reconnaissez-vous ?

— Oui, monsieur.

— Ces lettres ont été trouvées dans la poche attenant à ce lambeau de vêtement ; (le commissaire me le montra) ; le reconnaissez-vous comme ayant fait partie de la redingote que voici et que vous avez avoué vous appartenir ?

— Oui, monsieur.

— Cette corde à nœuds, terminée par un crochet, et cette pince de fer ensanglantée, les reconnaissez-vous ?

— Non, monsieur.

— Cette corde a été trouvée tout à l'heure pendante et fixée par son crochet au chaperon du mur faisant presque face à votre croisée.

— C'est possible...

— Vous ne reconnaissez pas cette corde?

— Non, monsieur.

— Maintenant vous allez entendre la lecture du procès-verbal, des déclarations et des faits relatifs à la tentative de vol et de meurtre commise cette nuit au domicile de M. Borel, banquier.

Wolfrang interrompant alors le repris de justice, lui dit avec émotion :

— Pauvre cher martyr... je le comprends maintenant, toutes les apparences vous condamnaient... Ces vêtements prêtés par vous à votre frère devenaient une charge accablante contre vous; et cependant d'un mot vous pouviez faire tomber les terribles soupçons dont vous étiez l'objet.

— Oh! sans doute, monsieur Wolfrang, car, à mesure que se poursuivait mon interrogatoire, et surtout lorsque le commissaire eut parlé d'une tentative de vol et de meurtre commise chez M. Borel, la vérité, que j'entrevoyais vaguement jusqu'alors, m'apparut, hélas ! tout entière... Je me rappelai mille circonstances du séjour d'Auguste chez moi... qui m'éclairèrent. Je ne doutai plus, ainsi que je vous le disais tout à l'heure, que cet infortuné, se croyant le droit de récupérer par la violence les cinquante mille francs dont un indigne abus de confiance l'avait dépouillé, se fût résolu à un crime, poussé au désespoir par le chagrin, et surtout par la misère de sa famille.

— Et lorsque, d'après l'interrogatoire que le commissaire vous faisait subir... la vérité vous est apparue... vous avez pris tout de suite l'héroïque résolution de vous sacrifier pour votre frère ?

— Tout de suite ?... oh ! non... Il ne faut pas, voyez-vous, monsieur Wolfrang, me croire meilleur que je ne le suis, — répond avec une bonhomie admirable le forçat libéré. — Non... non !... Lorsque j'ai compris que l'on m'accusait du crime commis par mon frère, et que toutes les apparences m'accablaient, j'ai été d'abord terrifié à la seule pensée de passer pour voleur et meurtrier. Tout se révoltait en moi à cette idée : j'avais déjà comme un pressentiment des peines, des hontes dont je devais tant souffrir... Les regards de mépris et d'aversion que le commissaire et les autres personnes jetaient sur moi me perçaient le cœur, et ce n'était que le commencement. Et puis, c'est une faiblesse ridicule, si vous voulez, monsieur Wolfrang; mais enfin, contemplant mon réduit si propre et mes rideaux blancs, mes meubles luisants, tout ce pauvre petit ménage auxquel j'étais affectionné, et au milieu duquel je vivais depuis si longtemps, satisfait de mon sort, je frissonnais à l'horrible perspective de la vie de prison, de compagnonnage avec des malfaiteurs, moi, si timide... même dans mes relations avec des honnêtes gens!... Et cela n'était que le commencement... car, si l'on me condamnait, et je n'en pouvais guère douter... viendrait... le bagne!... Mes jours passés à la chaîne, accouplé à des voleurs et à des assassins!...

Le repris de justice, frissonnant encore à ce souvenir, garde un moment le silence et ajoute en soupirant :

— Oh! non! monsieur Wolfrang... non... je vous le confesse bien sincèrement, allez!!!

la pensée de me sacrifier à mon frère ne m'est pas venue tout de suite; et, bien plus... tandis que je répondais à l'interrogatoire du commissaire, de façon à ne pas compromettre Auguste, je me sentais, à mon grand étonnement, devenu soudain assez rusé ; oui, monsieur Wolfrang, à mon grand étonnement! car, à cette heure où je vous parle, je me demande encore d'où m'était venue tout d'un coup tant de fourberie ; oui, j'étais, dis-je, devenu soudain assez rusé pour penser à part moi : — Pendant que je laisse croire que je suis coupable, Auguste a le temps de se sauver... puis, plus tard... dès que je le croirai certainement en sûreté, je déclarerai que ce n'est pas moi qui ai commis le crime.
— Vous le voyez donc bien, et, je vous le répète, monsieur Wolfrang, il ne faut pas me croire meilleur que je ne le suis. Ce n'est que plus tard, et après des réflexions, des luttes douloureuses contre moi-même, car je me connaissais, et savais, vu mon caractère, tout ce que j'aurais à endurer)... ce n'est que plus tard que j'ai enfin pris mon parti. Je me dévouai tout à fait pour Auguste.

— Ah! ces luttes mêmes, ces hésitations devant le terrible sort qui vous attendait, et dont vous aviez conscience, rendent plus admirable encore votre sacrifice.

— Vous exagérez, permettez-moi de vous le faire observer, monsieur Wolfrang, vous exagérez ce qu'il y a de louable dans ma conduite... Oh! j'aurais eu vraiment le mérite que vous dites, si je m'étais décidé tout de suite... et là, bien hardiment, à me sacrifier pour mon frère. Mais il n'en a pas été ainsi. C'est seulement plus tard, en réfléchissant à l'avenir de mon pauvre Auguste et à celui de sa famille, dans le cas où je ne me dévouerais pas pour lui, que j'ai été contraint, pour ainsi dire, par ces réflexions, à agir comme j'ai fait... Ce n'était plus que du *réchauffé*, comme on dit. Que voulez-vous? il faut prendre les hommes tels qu'ils sont. Et puis enfin, tenez, monsieur Wolfrang... raisonnons un peu, et vous allez convenir que je ne pouvais pas faire autrement que de me sacrifier pour mon frère.

— Comment! vous ne pouviez pas faire autrement?

— Certainement, puisque j'étais forcé à cela.

— Forcé!... par quoi?

— C'est bien simple ; toutes les apparences étaient contre moi, n'est-ce pas?

— Oui, et terribles!

— Si terribles! qu'elles ne pouvaient tomber que par l'aveu de la vérité.

— Sans doute.

— Bon! Ainsi je n'avais qu'un seul moyen au monde de m'innocenter : nommer le vrai coupable... puisque, si je m'étais borné à répondre aux juges : « — Le coupable n'est pas moi... sachez-le, » je n'aurais pas été cru; trop d'apparences me condamnaient... Est-ce vrai?

— C'est vrai.

— Vous le voyez donc bien, monsieur Wolfrang, il y avait une raison invincible, matérielle, qui, plus tard, devait me forcer à m'avouer coupable à la place d'Auguste?

— Quelle était cette raison invincible?

— Mon Dieu, monsieur Wolfrang, une raison toute naturelle; c'est qu'il est impossible à un frère de dénoncer son frère... J'aurais censément voulu la commettre, cette infamie... que, matériellement, je ne l'aurais point pu, non, aussi vrai que le ciel nous éclaire... Ma langue se serait refusée à les prononcer, ces mots abominables, ces mots véritablement fratricides : « Ce n'est pas moi qui suis criminel... c'est mon frère ! »

XXX

Wolfrang renonça et dut complètement renoncer à donner au repris de justice conscience de sa valeur morale, et à le persuader que son dévouement sublime ne lui était pas, ainsi qu'il le croyait, qu'il le sentait dans la naïveté de sa grande âme, — matériellement imposé par cette raison, pour ainsi dire PHYSIQUE : *qu'un frère ne pouvait dénoncer son frère.* Wolfrang dit donc à M. Dubousquet, avec un accent d'affectueuse ironie :

— Soit!... rien de plus naturel que votre sacrifice... il ne mérite qu'une médiocre admiration, c'est entendu ; vous ne pouviez moralement ni même physiquement agir autrement que vous n'avez fait... c'est une psychologie et une physiologie toutes nouvelles, dont l'invention fait du moins honneur à votre cœur...

— Allons, monsieur Wolfrang, voilà que vous vous raillez de moi !

— N'en doutez point, la raillerie est le sentiment qui me domine à cette heure. Mais continuez, de grâce, la lecture de ces pièces ; nous en étions au procès-verbal du commissaire de police, au sujet des évènements accomplis dens le domicile du banquier Borel.

— Cette lecture ne vous ennuie pas?

— Vraiment non... J'ajouterai même, si inconcevable que cela vous semble peut-être, que cette lecture m'intéresse vivement...

— En ce cas, monsieur Wolfrang, je continue donc, répond ingénuement le forçat libéré. Tel est le procès-verbal dont le commissaire de police m'a donné connaissance, lorsque j'ai eu répondu à son interrogatoire :

« Cejourd'hui, à deux heures moins un quart du matin, nous avons été requis par l'un des domestiques de M. Borel, banquier, de nous transporter en hâte à son domicile, accompagné de nos agents, pour connaître d'une tentative de vol commise nuitamment, avec escalade et effraction, suivie de meurtre non totalement accompli par des causes indépendantes de la volonté du meurtrier.

» Nous avons été d'abord introduits dans une salle basse servant de resserre, dont les fenêtres s'ouvraient sur le jardin de l'habitation ; le contrevent de l'une de ces fenêtres avait dû être forcé à l'aide d'une pince en fer, le bris d'un carreau dont les fragments jonchaient le sol ayant permis au voleur d'ouvrir intérieurement les fenêtres.

» Nous avons remarqué sur le sol une empreinte de pas mêlée de boue et de sable du jardin ; et en suivant toujours ladite empreinte, nous avons traversé un corridor, lequel nous a conduits à un escalier où s'observait encore la trace des mêmes pas ; et le montant, nous sommes arrivés au palier du premier étage.

» Sur ledit palier s'ouvre la porte principale des bureaux de M. Borel, composée de deux pièces contiguës, à l'extrémité desquelles se trouve le cabinet du caissier. Dans ledit cabinet sont placés une caisse en fer et un bureau dont l'un des tiroirs, fermé par une serrure à secret, renferme habituellement, nous a-t-on dit, une somme assez considérable, destinée à effectuer des paiements dont le taux n'exige pas que l'on ait recours à la caisse principale.

» Nous avons reconnu facilement des traces flagrantes de tentative d'effraction pratiquée sur le tiroir du bureau servant de caisse succursale et situé au fond dudit cabinet. Nous avons vu sur le plancher une large mare de sang, une pince en fer, et un débris de vêtement; les traces des pas et une sorte de piétinement dans cette mare de sang témoignaient qu'une lutte avait eu lieu en cet endroit.

» En suite de cet examen des localités, nous avons été conduits par M. Borel dans une sorte de passage communiquant du cabinet, théâtre de la lutte, et nous avons vu étendu sur un lit de sangle le nommé *Jean*

Dupont, garçon de recette de la maison, lequel couche chaque nuit dans ledit passage, fin d'être à même de garder la caisse.

» Le susnommé Jean Dupont, interrogé par nous sur ce qui était à sa connaissance, a répondu :

» 1° Que, vers une heure du matin, il a été réveillé par un bruit sourd, causé par la tentative d'effraction effectuée sur le bureau placé dans la pièce voisine dont la porte était restée ouverte.

» 2° Ledit Jean Dupont, ne doutant pas qu'un voleur se fût introduit dans la maison, s'est levé et précipité dans la pièce voisine, éclairée par une petite lanterne déposée sur une table.

» 3° Ledit Jean Dupont s'est alors trouvé en présence d'un homme de taille moyenne, vêtu d'une redingote blanchâtre, et s'occupant à fracturer le tiroir du bureau. Cet individu ayant voulu prendre la fuite à la vue dudit Jean Dupont, celui-ci l'a saisi et arrêté si violemment par le pan de sa redingote, qu'il lui est resté entre les mains ; mais en ce moment ledit Jean Dupont déclare avoir reçu du malfaiteur un premier coup de pince de fer sur la tête; et malgré ce coup, malgré la perte de son sang, ayant poursuivi la lutte, il a été atteint d'un second coup, asséné sur le crâne avec tant de violence, que son sang a jailli à flots par cette nouvelle blessure, et qu'après avoir encore un instant lutté contre son meurtrier, ledit Jean Dupont tombant étourdi et sans connaissance, le malfaiteur a pu prendre la fuite.

» 4° Ledit Jean Dupont, revenu à lui au bout de quelques instants, a déclaré s'être relevé, afin d'aller donner l'alarme dans la maison.

» C'est en suite de la perpétration des faits précédents que nous nous sommes transportés au domicile de M. Borel.

» Les déclarations de Jean Dupont recueillies par nous, nous avons continué nos investigations, et suivant de nouveau les traces laissées par le malfaiteur en s'échappant, nous les avons distinguées des premières empreintes laissées par lui, en cela que les secondes étaient ensanglantées par suite de son piétinement dans le sang de sa victime.

» Nous nous sommes alors rendus dans le

jardin, et à l'aide d'une lanterne, nous avons reconnu les mêmes traces profondément imprimées dans le sol détrempé d'une allée; elle aboutissait à une muraille garnie d'un treillage à l'aide duquel le malfaiteur a pu gagner la crête du mur.

» Pendant que nous nous livrions à ces investigations dans l'intérieur du jardin, nos agents opéraient simultanément d'autres perquisitions en une impasse le long de laquelle règne le mur extérieur du jardin précité; là, ils ont trouvé une corde à nœuds, terminée par un crochet de fer très ouvert et enserrant le chaperon de la muraille, laquelle corde avait évidemment servi au meurtrier à descendre de l'autre côté du mur.

» Au même instant, nos dits agents remarquèrent de la lumière à travers les vitres d'un appartement du rez-de-chaussée, dont les fenêtres donnaient sur l'impasse où ils venaient de découvrir la corde; ils aperçurent dans l'intérieur de cet appartement un homme revêtu d'une chemise ensanglantée, et qui venait sans doute de se dépouiller de ses habits.

» Nosdits agents n'écoutant que leur zèle et considérant, pour ainsi dire, cet individu comme étant en cas de flagrant délit, se sont introduits chez lui par la fenêtre et l'ont garrotté.

» Cet acte préventif devait être bientôt justifié, car nous trouvions dans le lambeau du vêtement laissé sur le théâtre de la lutte meurtrière, deux lettres insignifiantes d'ailleurs, adressées au nommé *Dubousquet,* employé à l'administration des douanes ; or, ledit Dubousquet est ce même individu dans le domicile duquel nos agents se sont introduits, et les plus graves présomptions pèsent sur lui ; car, pénétrant à notre tour dans la maison dont nos agents nous ont ouvert la porte, nous avons trouvé en la chambre du nommé Dubousquet, alors en complète défaillance, une redingote d'un gris blanchâtre, trempée de pluie, largement tachée de sang aux manches et aux revers, et à laquelle s'adaptait parfaitement le pan de derrière laissé sur le lieu du crime, et auquel pan adhérait encore la poche contenant les deux lettres adressées audit Dubousquet.

» Celui-ci ayant repris connaissance, nous avons procédé à son interrogatoire, ainsi que suit. »

Le repris de justice, après la lecture de ce procès-verbal, le déposa sur une table, et Wolfrang lui dit :

— Tout concourait en effet à rendre les charges et les apparences accablantes pour vous. Ces habits étaient les vôtres ; on y découvrait des lettres à votre adresse ; enfin, votre chemise mouillée par la pluie durant votre court séjour à la fenêtre, était tachée de sang ainsi que votre lit. Mais, comment votre frère n'a-t-il pas réfléchi qu'en revenant...

— Réfléchir !... monsieur Wolfrang ? Eh ! le malheureux avait la tête perdue par l'effroi, par le remords, car, pour la première fois de sa vie, il versait le sang, et certes il ne se serait pas porté à cette extrémité s'il ne s'était vu arrêté par le garçon de caisse. Alors il a perdu la tête d'épouvante ; il n'a songé qu'à échapper à son agresseur. D'abord mon frère avait pensé, m'a-t-il dit plus tard, à se cacher à la maison... mais craignant, par bon cœur, de me compromettre, il voulut seulement encore, par bon cœur, m'embrasser une dernière fois ; puis l'idée lui vint de changer ses vêtements mouillés et ensanglantés pour des habits secs, et de faire ainsi disparaître la trace de son crime. Hélas! Auguste ne pouvait supposer le concours de circonstances qui devaient m'accabler, et il ignorait d'ailleurs que les poches de la redingote que je lui avais prêtée contenaient deux lettres à mon adresse, et oubliées par moi.

— Il est vrai... En un pareil moment, le trouble de votre frère était excusable ; il ne pouvait guère songer ou supposer qu'il vous compromettait si gravement. Vous avez été sans doute incarcéré ce jour même ?

— Hélas! oui. Le commissaire, après m'avoir donné connaissance du procès-verbal, me demanda si j'avouais être le coupable. — Je n'ai rien à répondre, lui dis-je, car, en suite de la lecture de cette pièce, il ne me restait pas le moindre doute sur la culpabilité d'Auguste. J'étais alors, je le répète, résolu à lui donner le temps de fuir, et c'est en cela que je m'étonnai d'être devenu soudain si rusé, en ne détruisant pas les charges élevées contre moi, et en ne répondant ni oui ni non ; mais je voulais plus tard prouver mon innocence, sans réfléchir alors que c'était impossible, puisque je n'avais pour cela qu'un seul moyen : dénoncer mon frère. Enfin, le commissaire m'arrête au nom de la loi, me signifie que je vais le suivre en prison. A ces mots de prison, si terribles pour moi, vu mes habitudes et mon caractère, figurez-vous que mon sang ne fit qu'un tour, monsieur Wolfrang, et je crus que j'allais de rechef me trouver mal. Mais que faire?... il n'y avait pas à reculer; je demandai au magistrat la permission de faire un petit paquet de linge et de hardes. Pendant que je m'occupais de ce soin, j'entendis un agent de police dire à un gendarme en parlant de moi : — Croirait-on, à voir son air bêtasse, que ce brigand-là vient de forcer une caisse et d'assassiner un homme? A-t-il l'air en dessous, ce gredin-là! — Je me connais en criminels, — répond le gendarme, — les pires de tous sont ceux à qui l'on donnerait, comme à celui-là, le bon Dieu sans confession. — Hélas!... gredin... hypocrite... brigand... assassin!... ça commençait, vous le voyez, monsieur Wolfrang, ça commençait... J'aurais voulu être à cent pieds sous terre. Enfin, j'achève mon petit paquet, on me remet les menottes que l'on m'avait ôtées pendant un instant, et le commissaire me dit : — Partons.

Le repris de justice garde un moment le silence, son regard devient humide, et il ajoute :

— Tenez, monsieur Wolfrang, j'ai eu depuis ce jour-là bien des peines dans ma vie, mais jamais, non, jamais, je n'ai été plus navré qu'à cet instant où il m'a fallu quitter ce modeste logement où j'avais passé des années si paisibles, si heureuses, sauf les soucis que me donnait l'infortune de mon pauvre frère. Enfin, je vous l'avoue, monsieur Wolfrang, je ne pus m'empêcher de pleurer à chaudes larmes en disant à part moi adieu à mon pauvre gîte. — « Il paraît que nous avons la larme joliment facile ! » — dit en riant un gendarme à un agent en parlant de moi. — Je ne voulus pas être un objet de risée, je renfonçai mes larmes et nous sortîmes de chez moi... Ah ! monsieur Wolfrang, je n'étais pas au bout de mon rude apprentissage de criminel !

— Quoi donc encore, pauvre martyr ?

— Le jour était venu ; la pluie avait cessé ; les locataires de la maison et les voisins, instruits des évènements de la nuit, encombraient la ruelle, afin de me voir passer. J'allais sortir de notre allée, lorsque j'entends les rumeurs de la foule, rumeurs où dominaient ces mots : — « Le voilà, le scélérat !... l'assassin !... — Qu'est-ce qui aurait cru ça de lui, avec son air Sainte-Nitouche?...—Quel hypocrite ! — Quelle canaille ! » — Quand j'entendis ces mots, quand je vis attachés sur moi les regards menaçants de tout ce monde qu'il me fallait traverser, ce fut plus fort que moi, monsieur Wolfrang, je ne voulus plus sortir de l'allée; je me retournai brusquement vers le commissaire qui me suivait, et je m'écriai hors de moi : — « Je ne sortirai pas... vous me tuerez plutôt !... « Cette résistance était de ma part absurde, je le sais, monsieur Wolfrang, puisqu'on pouvait me forcer de marcher, mais j'avais la tête perdue à l'idée de traverser cette foule où je reconnaissais des locataires jusqu'alors très bons pour moi, car, sans vanité, l'on m'aimait assez dans la maison. — « Allons, gendarmes, faites donc avancer cet homme ! — avait dit le commissaire. — Veux-tu marcher, gredin ! — s'écria l'un des agents ; et, à l'aide de son camarade, il m'entraîna hors de l'allée, me poussant si brutalement devant lui, que je trébuchai, je perdis l'équilibre et j'allai rouler dans le ruisseau. Les éclats de rire méprisants et les huées de la foule retentirent autour de moi. J'avais les mains liées, je faisais des contorsions, sans doute ridicules, afin de me redresser debout, et tout le monde de redoubler de huées, sans pitié...

— Ah ! c'est horrible !

— Après tout, ils étaient excusables, monsieur Wolfrang ; ils devaient me croire criminel ; je leur ai pardonné plus tard... mais alors je les accusais d'être des gens bien méchants... Enfin les agents me mettent sur mes pieds, me saisissent au collet, et craignant une nouvelle résistance de ma part, me placent au milieu d'eux, tandis qu'un gendarme me donne des coups de genou dans les reins pour me faire avancer. Alors, moi, pour en finir, savez-vous ce que j'ai fait, monsieur Wolfrang ?... J'ai marché en fermant les yeux pour ne pas voir les figures insultantes ou indignées que je rencontrerais durant le long trajet de mon domicile à la prison. Mais, hélas ! si je ne voyais rien, j'entendais les propos menaçants, les huées qui me poursuivaient, car une bande d'enfants de mon quartier m'accompagnait en répétant sur mon passage que j'étais un

voleur et un assassin. J'avais beau, afin de
me réconforter, me redire à moi-même : « Ce
n'est pas vrai, je ne suis ni voleur ni assassin ! » — c'est égal, on m'aurait alors demandé
si je voulais mourir subitement, que j'aurais
accepté avec reconnaissance. Enfin nous arrivons à la prison, et là, grâce au ciel, une
douce surprise m'attendait et me fit oublier
tout ce que je venais d'endurer.

— Quelle fut donc cette surprise ?

— Pendant les formalités de mon écrou, le
concierge me demanda si je voulais *être à la
pistole*. Je ne comprenais pas : il m'expliqua
que, moyennant quinze sous par jour, je pouvais avoir une chambre à part... Jugez de ma
joie, monsieur Wolfrang ! jugez-en ! car ce qui
m'effrayait le plus, c'était de me voir confondu
pêle-mêle avec les malfaiteurs ; aussi, lorsque
je fus établi dans ma cellule, je me jetai à
genoux pour remercier le bon Dieu. Mon
cœur si serré, si navré, s'épanouit dans cette
solitude. Alors, plus calme, mais épuisé par
tant de secousses, je me jetai sur mon lit, où
je dormis pendant dix heures de suite. Ce bon
sommeil reposa mon esprit, et me permit à
mon réveil d'envisager en face ma situation à

l'avenir. C'est alors, monsieur Wolfrang, que commença cette lutte contre moi-même, dont je vous ai parlé... la voici résumée en deux mots. — Auguste s'est échappé ; on me croit coupable, je prolongerai cette erreur, sans cependant rien avouer ; mon frère aura ainsi le temps de fuir et de gagner peut-être un pays étranger, me disais-je. — Bon !... mais ensuite ? lorsque je paraîtrai devant le tribunal? Eh bien! je répondrai aux juges: « Je suis innocent. » — Bon !... mais de quelle manière prouver mon innocence, lorsque tant de charges m'accablent?... — Là était la difficulté, monsieur Wolfrang ; j'avais beau vouloir la tourner de toutes façons, elle se dressait toujours insurmontable. Oui, de quelle manière prouver mon innocence ? — Aussi, après avoir longtemps réfléchi, je dus m'avouer que le seul moyen de m'innocenter était de dénoncer le vrai coupable, de raconter comment il s'était caché chez moi, comment je lui avais prêté des habits, afin de remplacer ses haillons, enfin, de dire toute la vérité... Bon !... mais le vrai coupable, qui était-il ? Mon pauvre Auguste ! Il me fallait donc dénoncer mon frère ?... ça ne se pouvait pas, non, cela ne se pouvait pas! — Alors, qu'arriverait-il! j'aurais beau affirmer mon innocence, l'on ne me croirait point, l'on ne pourrait me croire, en raison des apparences toutes réunies contre moi.

— Soit! mais du moins vous protestiez de votre innocence à la face de Dieu et des hommes!

— La belle avance, monsieur Wolfrang! je n'en serais pas moins condamné; malgré mes protestations d'innocence, je n'en passerais pas moins pour criminel aux yeux de tous, et j'aurais à subir autant d'humiliations que si je m'avouais coupable. Or, cet aveu assurait le repos d'Auguste, on ne le soupçonnait pas, il ne serait jamais poursuivi; mais, d'un autre côté, cet aveu m'envoyait au bagne, moi! et cela m'épouvantait... De là mes hésitations, mes luttes entre mon dévouement pour Auguste et mon égoïsme.

— Son égoïsme! — s'écrie Wolfrang. — Et il est sincère! il s'est cru égoïste... en hésitant à se sacrifier pour son frère!...

— Mais dame!... monsieur Wolfrang, écoutez donc...

— Bien, bien... c'est entendu: votre action

est tout au plus méritoire. Mais votre frère ne put donc pas gagner la frontière? se mettre à l'abri des poursuites, vous écrire, et alors, quoiqu'il vous eût coûté, je le comprends, de dénoncer votre frère, vous pouviez vous résigner à cette extrémité, le sachant en sûreté?

— D'abord, monsieur Wolfrang, je n'ai eu des nouvelles d'Auguste qu'après ma condamtion. Een quittant Lyon il s'était dirigé sur Paris... mais, au quart du chemin, une fièvre violente, causée par tant d'émotions, l'avait saisi; obligé de s'arrêter dans une auberge, il y tomba si gravement malade, qu'on dut le transporter à l'hospice du chef-lieu, où il est resté pendant plus de trois mois entre la vie et la mort, incapable ainsi de me donner de ses nouvelles. La première lettre qu'il m'a écrite, je l'ai reçue au bagne de Brest.

— Quelle fatalité!

— Ce n'est pas tout. N'ayant aucune nouvelle d'Auguste, il me fallait, si je devais m'y résigner, me décider promptement à m'avouer coupable.

— Pourquoi n'auriez pas, au contraire, tâché de traîner le procès en longueur?

— Et si Auguste était arrêté? si, poussé par le remords il faisait des révélations? Cette crainte me navrait; il fallait donc promptement me décider. Le juge d'instruction m'interrogea le lendemain; il me restait moins de vingt-quatre heures pour prendre une résolution. Ah! monsieur Wolfrang, c'est la plus mauvaise heure que j'aie passée de ma vie, partagé, je vous l'ai dit, entre mon égoïsme, qui me représentait les horreurs du bagne, et mon affection fraternelle qui me criait : « Sauve Auguste !... » Enfin, après avoir réfléchi toute la nuit, bien pesé le pour et le contre, je me décidai surtout par cette raison : « Je suis garçon, me dis-je, personne ne s'intéresse à moi ; Auguste est père de famille, il n'a d'autre héritage à laisser qu'un nom honorable ; son amour pour sa femme est la seule consolation qui lui reste au milieu des chagrins qu'il éprouve; je connais Suzanne : le déshonneur de son mari la tuerait, ou bien elle ne le reverrait jamais. Il n'y a pas à hésiter... je dois me sacrifier. Le bagne m'épouvante, c'est vrai, mais l'on s'habitue à tout ; j'aurai d'ailleurs ma conscience pour moi... et puis une fois aux galères, ma petite fortune ne me servira à rien, mon frère et sa famille en profiteront. Donc, c'est entendu, j'avouerai que je suis le coupable. Mes aveux abrégeront le procès, et ce sera plus tôt fini... Reste le cas où mon pauvre Auguste serait arrêté et ferait des révélations de son côté... ce serait un grand malheur... il lui arrivera ce qui pourra, mais je n'aurai rien à me reprocher... « Eh bien ! le croiriez-vous, monsieur Wolfrang ? et cela prouve la vérité du proverbe : *une bonne action a toujours sa récompense*, ma décision prise, j'ai ressenti un allégement, un contentement extrêmes... J'étais tranquille... presque joyeux. On vint justement à ce moment-là me chercher pour me conduire au greffe où m'attendait le juge d'instruction chargé de m'interroger ; je descendis les escaliers quatre à quatre d'un pas dégagé ; je ne touchais pas terre. J'entre dans le cabinet du magistrat où il se trouve avec son greffier ; mais avant qu'il ait le temps de m'adresser la parole, je lui dis d'un ton leste et d'un air très satisfait de moi-même (et je l'étais en effet intérieurement très satisfait) ;

— Monsieur, mon interrogatoire devient inutile. C'est bien moi, Amédée Dubousquet, qui ai voulu voler M. Borel. C'est bien moi qui, me voyant surpris par le garçon de caisse, me suis débarrassé de lui en lui donnant des coups de barre de fer sur la tête ; maintenant, monsieur, menez mon procès bon train, c'est tout ce que je vous demande.

— Le juge a dû vous prendre pour un scélérat endurci.

— Ah ! monsieur Wolfrang, d'abord il m'a regardé muet de surprise et d'horreur, et puis il n'a pu s'empêcher de s'écrier, parlant au greffier en levant les mains au plafond : « Pas l'ombre d'un remords, quel monstre ! » — Tandis que moi je me disais, ajoute le forçat libéré, souriant avec bonhomie : — Oui, oui, va, tu en verras souvent dans ta geôle, des monstres de mon espèce ! je t'en souhaite !

— Quel naturel angélique ! — se dit Wolfrang à demi-voix, et il reprend tout haut : — Ainsi le magistrat renonça dès-lors à vous interroger ?

— Il le fallait bien : je refusais de répondre, répétant toujours d'un ton très satisfait de moi-même : « Puisque j'avoue le crime, à quoi bon vos questions, monsieur? — Mais, malheureux que vous êtes! — s'écriait le magistrat, — vous n'avez donc pas même conscience de votre crime? Vous n'éprouvez donc nul repentir de ce que vous avez fait? — Moi? me repentir de ce que j'ai fait? Ah! bien oui! au contraire! — me suis-je même échappé à répliquer presque involontairement, car je répondais plutôt à ma pensée secrète qu'à la question du juge; aussi ce brave homme a-t-il dû me prendre pour un scélérat endurci, comme vous disiez monsieur Wolfrang.

— Mais comment cette légitime sérénité de conscience, grâce à laquelle vous braviez presque gaiement les interrogatoires, ne vous a-t-elle pas toujours soutenu dans votre longue vie d'épreuves?

— C'est bien simple, monsieur Wolfrang, et vous allez le comprendre. Lors de mon premier interrogatoire j'éprouvais cette espèce de fièvre de contentement, cette exaltation que l'on ressent toujours, je crois, après l'accomplissement d'un devoir généreux qui vous a coûté; aussi je me sentais quasi-guilleret; mais malheureusement cette effervescence passée, il n'en a plus été de la sorte. Oh! seul avec moi-même, dans ma cellule, ça allait bien, le roi n'était pas mon maître, comme on dit, mais dès que je me trouvais en présence de quelqu'un je souffrais le martyre en songeant au mépris, à l'aversion que j'inspirais... Mais dame!... que voulez-vous, monsieur Wolfrang, tout ne peut pas être roses dans le sacrifice?

— Ah! reprit Wolfrang, profondément ému, — que ne puis-je vous donner connaissance et conscience de ce qu'il y a d'adorable et de touchant dans le mélange de grandeur et d'ingénuité qui vous caractérisent!... combien vous seriez fier!... Mais, non, non, vous êtes de ceux-là qui passent obscurs, ignorés d'eux-mêmes et d'un monde dont ils devraient être l'exemple et l'admiration!

— Ah! monsieur Wolfrang, monsieur Wolfrang!

— Pardon... je m'étais imposé de ne plus tenter, tâche impossible, de vous révéler à vous-même... Revenons à votre procès. Quelle a été dans cette circonstance la conduite du banquier Borel?

— Impitoyable ; elle devait l'être ; son intérêt le forçait d'agir ainsi. Je l'avais vu d'ailleurs une fois dans ma prison... lui seul devina que je n'étais pas coupable.

— Monsieur Borel? — s'écrie Wolfrang, — et comment a-t-il pu pénétrer votre secret?

XXXI

Le forçat libéré, à cette question de Wolfrang : — Comment a-t-il pu pénétrer le secret de votre innocence? — sourit amèrement et répondit :

— Monsieur Borel nous connaissait dès l'enfance, mon frère et moi, et quoique je ne l'eusse pas revu depuis son indigne abus de confiance envers Auguste, le banquier savait que j'avais toujours mené une vie honorable et que mon patrimoine et mes appointements d'employé devaient me mettre à l'abri de la tentative de vol. Puis enfin il me tendit un piége dans lequel je tombai.

— Un piége? et dans quel but?

— Ah! dans un but bien facile à concevoir; mais la réflexion m'est venue trop tard. Voici ce qui se passa... M. Borel était membre d'une association destinée à moraliser les prisonniers soumis au régime cellulaire, et à leur fournir de bons livres; il eut donc un prétexte tout naturel de venir un jour dans ma cellule. Il feint d'abord l'attendrissement et la douleur, il me témoigne son chagrin de me voir, moi qu'il connaît depuis l'enfance, accusé d'un grand crime; enfin il a l'effronterie de me demander des nouvelles d'Auguste, ajoutant qu'il a depuis longtemps pardonné à mon frère son indélicatesse, pour ne pas dire pis, au sujet de ces cinquante mille francs qu'il prétendait lui avoir confiés, à lui, Borel. Je suis d'un caractère très patient, mais l'audace du banquier me mit hors de moi. C'est là sans doute ce qu'il voulait; et, lui apprenant les malheurs d'Auguste et de sa famille, je m'écriai:

— Ces affreux malheurs, qui les a causés ? Votre abus de confiance, monsieur !... oui ; et si jamais la misère, le désespoir, poussaient un jour mon frère à commettre une mauvaise action... c'est vous qui en seriez responsable devant Dieu !

— Ces reproches, cette supposition de votre part, durent en effet mettre le banquier sur la voie de la vérité.

— Il est vrai, monsieur Wolfrang, j'en disais trop ; mais l'indignation m'emportait malgré moi : je commençais à tomber dans le piége que le banquier me tendait.

— Que vous a-t-il répondu ?

— Qu'il dédaignait cette accusation d'abus de confiance, vieille calomnie à l'aide de laquelle Auguste avait tenté de lui escroquer autrefois une somme considérable, indignité dont il s'était d'ailleurs rétracté plus tard, témoin sa lettre (lettre dont je vous ai parlé, monsieur Wolfrang, et que mon malheureux frère avait eu l'insigne faiblesse d'écrire en ces temps-là), et témoin aussi une humble demande de secours faite personnellement par Auguste au banquier, il y avait trois mois, et à laquelle il s'était généreusement empressé de répondre après de nouvelles assurances de repentir de la part de mon frère.

— Il s'était donc adressé à M. Borel pour obtenir de lui des secours?

— Jamais! monsieur Wolfrang! jamais! c'était un mensonge du banquier.

— Mais à quoi bon ce mensonge?

— Vous allez voir... Je réponds à M. Borel que ce qu'il dit est faux, qu'il est matériellement impossible que mon frère lui ait, en personne, demandé un secours, il y a trois mois, puisqu'il y a deux mois Auguste se trouvait encore en Amérique; enfin j'ajoute imprudemment : « S'il se fût adressé à vous, il me l'eût dit dernièrement. « — Vous avez » donc vu tout récemment votre frère à Lyon? » me dit M. Borel.

— En effet, — interrompt Wolfrang, réfléchissant; vous livriez à peu près votre secret, car, avouer le récent séjour de votre frère à Lyon, c'était presque le désigner comme l'auteur de cette tentative de vol, rendue probable par la détresse de ce malheureux et par l'abus de confiance dont il avait été victime, tandis que l'aisance dont vous jouissiez et vos antécédents honorables, devaient éloigner de vous tout soupçon...

— Il est vrai, j'avais étourdiment parlé; mais je ne me possédais plus...

— Je ne comprends pas encore cependant quel pouvait être l'intérêt du banquier à connaître le véritable auteur de cette tentative de vol.

— Cet intérêt, vous allez le comprendre; car, certain d'après ma réponse irréfléchie, qu'ainsi qu'il le présumait, mon frère s'était trouvé à Lyon durant cette nuit funeste, le banquier me dit : « Écoutez-moi, monsieur » Dubousquet, votre réponse me prouve ce » dont je me doutais : votre frère est l'auteur » de la tentative de vol commise chez moi; » mais vous êtes son complice... »

— Qu'entends-je! Vous, complice de ce vol?

— Oui, monsieur Wolfrang; en voilà bien d'une autre, n'est-ce pas?... mais vous n'êtes point au bout.

— Ah! le misérable! — s'écrie Wolfrang; — quelle profonde astuce! Je commence à comprendre ce qu'il se proposait.

— Oh! oui, elle est bien noire, l'astuce de cet homme, allez, monsieur Wolfrang! C'est

effrayant lorsqu'on y songe. Mais écoutez la fin. « Vous êtes le complice de votre frère, — me dit donc M. Borel. — Vous l'avez pro-
» bablement caché chez vous, afin de lui fa-
» ciliter les moyens d'accomplir son crime;
» vous lui avez évidemment fourni l'argent
» nécessaire à acheter la corde, la pince, la
» lanterne sourde... Cette lanterne seule vaut
» au moins vingt francs; je l'ai examinée au
» greffe : c'est une lanterne de luxe; or, il est
» impossible que votre frère ait fait, sans votre
» concours, une acquisition pareille; il était,
» m'avez-vous dit, dans la détresse; et cela
» est si vrai, qu'à son arrivée à Lyon, vous
» lui avez prêté des habits pour remplacer
» ses haillons. »

— Comment le banquier connaissait-il cette circonstance ?

— L'on avait trouvé dans le pan déchiré de la redingote des lettres à mon adresse; M. Borel devait donc penser que cet habit m'appartenait; or, je ne l'aurais pas prêté à mon frère...

— S'il n'eût été vêtu de haillons... c'est juste...

— Ce n'est pas tout, — ajoute M. Borel.

— Il résulte des investigations de la justice, que l'individu qui, dans la soirée du crime, a acheté cette lanterne, a, pour la payer, tiré de sa poche plusieurs pièces d'or. Cet or, d'où provenait-il ?... de vous, certainement.

— En effet, vous aviez remis deux cents francs en or à votre frère...

— ... Qui craignait qu'il fût reconnu et arrêté pour sa prétendue rixe avec le gendarme, et qu'en ce cas, mon frère, quoi qu'il arrivât, ne fût dépourvu d'argent.

— La scélératesse de ce Borel me confond, — reprend Wolfrang ; et pensif, il ajoute : — Il n'est que trop vrai, et j'y réfléchis maintenant, vous pouviez, par la fatalité de ces circonstances, être considéré comme le complice de votre frère.

— Monsieur Borel le sentait bien... et c'est là-dessus qu'il comptait, quoiqu'au fond il fût certain de mon innocence ; aussi a-t-il repris : — « Vous êtes complice de la tentative de vol commise par votre frère ; cela est pour moi hors de doute, et il en serait de même pour la justice... si elle savait ce que je sais... Et à cette heure, songez bien à mes paroles : Votre frère a pu s'échapper... vous assumez sur vous seul, par générosité pour lui, la responsabilité d'un crime dont vous êtes complice. Ceci vous regarde... Quant à moi, par un reste de pitié pour cet homme... autrefois mon ami d'enfance... je veux bien consentir à ne pas le signaler à la justice ; mais, prenez garde... vous avez jusqu'ici refusé de répondre aux interrogatoires des magistrats; c'est peut-être de votre part une tactique assez familière aux prévenus ; ils réservent ainsi pour l'audience leurs moyens de défense, et échappent à la longueur des épreuves contradictoires de l'instruction, et parfois surprennent ainsi la religion des jurés ; mais, je vous le répète, prenez garde : Si parmi vos moyens de défense, vous espériez atténuer votre crime en invoquant contre moi cette abominable et ancienne calomnie d'abus de confiance... je serais sans pitié pour votre frère et pour vous, non que je redoute en quoi que ce soit cette diffamation : ma vie, grâce à Dieu, est irréprochable aux yeux de tous... Je ferais justice de cette infâme accusation... mais je serais sans pitié pour deux misérables qui, afin d'excuser leur forfait, ne reculent pas devant la plus odieuse calomnie dont on puisse vouloir rendre victime un homme de bien !

— Ciel et terre ! une si noire hypocrisie cause une sorte de vertige d'épouvante et d'horreur !...

— C'est justement ce que j'éprouvais, monsieur Wolfrang... Oui, j'éprouvais une sorte de vertige en entendant le banquier me parler ainsi, car nous étions seuls, personne ne pouvait nous entendre, et il me tenait le langage qu'il eût tenu devant témoins... Je restais muet de stupeur; il acheva en ces termes : — Ainsi, songez-y bien... si vous aviez l'audace de tenter de jeter l'ombre d'un soupçon sur l'intégrité de ma vie entière... à l'instant je dénonce votre frère à la vindicte des lois... Je produis la lettre écrasante pour lui qu'autrefois il m'a écrite, et je révèle qu'il est l'auteur du crime dont vous êtes complice. Votre frère a pu rester jusqu'à présent impuni, parce qu'on ignore sa culpabilité; aucune recherche n'a été exercée contre lui... Mais dès qu'il sera signalé, il sera poursuivi, on l'atteindra où qu'il soit... et, grâce à l'extradition, il sera même atteint en pays étranger... Quant à vous... la justice vous tient, elle ne vous lâchera pas. Votre frère, arrêté, assumât-t-il sur lui seul la responsabilité du crime, il ne vous sauverait pas ; en vain, même vous rétracteriez vos aveux, vous seriez accablé par les preuves flagrantes de votre complicité. Le séjour mystérieux de votre frère chez vous, l'or vu entre ses mains, et qui ne pouvait provenir que de vous, tout enfin, je vous le répète, vous accablerait, et votre frère et vous, vous recevriez le juste châtiment de vos forfaits... Sur ce, monsieur Dubousquet, réfléchissez, » — ajouta le banquier, et il sortit de ma cellule...

— Maintenant tout m'est dévoilé ; malgré son audace, malgré son hypocrisie, malgré l'autorité de son irréprochable réputation ; enfin, malgré la lettre de votre frère, ce Borel redoutait toujours la révélation de son abus de confiance, source impure de son immense fortune.

— Sans doute, monsieur Wolfrang, et il me disait clairement, à moi, qui, seul, pouvais lire à travers tant de mensonges sa pensée secrète : — « Je vous sais innocent, Auguste a commis le crime, vous vous sacrifiez pour lui ; mais, prenez garde!... »

— « ... Si vous révélez l'abus de confiance que j'ai commis, » —continue Wolfrang, poursuivant la pensée du repris de justice, — « je rends votre sacrifice inutile... en dénonçant votre frère... Vous passerez fatalement pour son complice, et vous serez tous deux condamnés au bagne. Tandis que si vous gardez le silence, votre frère ne sera jamais poursuivi, et vous jouirez du moins du prix de votre généreux sacrifice... »

— Mon Dieu, oui... et ces menaces, M. Borel pouvait les accomplir ; je devais infailliblement passer pour être complice d'Auguste. Il s'était caché dans ma demeure, on avait vu en sa possession de l'or qu'il tenait de moi, et avec lequel il s'était procuré les instruments de son crime... Vous le voyez... j'étais enlacé de tous côtés comme un pauvre moucheron dans une toile d'araignée... J'aurais même alors voulu revenir sur ma résolution de me sacrifier pour mon frère, que je ne l'eusse pas pu, non, et j'aurais été assez infâme pour le dénoncer que je fusse resté son complice... Ah ! monsieur Wolfrang ?... si... vous saviez combien alors je me suis félicité de m'être décidé à me dévouer pour

Auguste avant mon entrevue avec M. Borel !

— Pourquoi cela !...

— Pourquoi ?... mais, pensez donc que j'aurais eu le chagrin de me dire que mon dévouement pour mon frère avait été moins volontaire que forcé... puisque de toute façon je devais être regardé comme complice du crime... Heureusement à ce sujet-là... je suis tranquille, — ajoute le forçat libéré avec un soupir d'allégement, — j'ai toujours eu la consolation de me dire que mon sacrifice partait du cœur.

XXXII

L'entretien de Wolfrang et du forçat libéré se prolongea. La fin de l'histoire de notre martyr du dévouement fraternel était logique, et son caractère d'une naïveté sublime.

Persistant dans son refus de répondre aux interrogatoires du magistrat, M. Dubousquet parut devant les jurés. M. de Francheville, son accusateur de la veille, comptait parmi eux. Les débats durèrent à peine une demi-heure ; le prévenu allait au-devant de toutes les questions par ses aveux impatients, brusques et empreints d'une sorte d'amertume. Le malheureux avait hâte d'en finir, il souffrait horriblement d'être exposé aux regards des juges et du public comme un malfaiteur.

Oui, par suite de cette disposition de son caractère qui rendait son sacrifice doublement héroïque, M. Dubousquet éprouvait une honte, une humiliation dévorante dès qu'il se trouvait en contact avec les hommes; il n'éprouvait de calme et d'apaisement que lorsqu'il était, disait-il, — seul avec sa conscience.

La brusquerie des réponses de l'accusé durant son procès, la crudité de ses aveux que ne tempérait pas même l'apparence du repentir, passèrent et durent passer aux yeux des jurés pour le comble de l'endurcissement et du cynisme!

Ce n'est pas tout; depuis son entretien avec M. Borel (présent à l'audience comme témoin), M. Dubousquet était obsédé de la crainte que l'on ne soupçonnât son frère, car il était en effet difficile de se rendre compte de ce fait presque inexplicable, à savoir : — Que le prévenu de cette tentative de vol et de meurtre possédait quelque fortune et avait mené jusqu'alors d'une conduite honorable, certifiée par les chefs de l'administration où il remplissait un emploi, lesquels, interrogés sur la moralité de M. Dubousquet, déposèrent en sa faveur, — ce dont il se désolait, quoiqu'il ressentît atrocement la honte d'être assis sur la sellette des criminels, mais en vertu de la logique de son dévouement, tout ce qui tendait à l'innocenter pouvait devenir redoutable à son frère.

L'accusé ayant refusé de choisir un avocat, on lui nomma un défenseur d'office ; celui-ci, en présence des aveux réitérés de son client, qui rendaient la défense impossible, commença de la sorte sa plaidoirie :

—Messieurs les jurés, l'accusé, en avouant avec une si surprenante et si incroyable opiniâtreté les faits dont il est prévenu, me ferait, par la persistance même de ces aveux inouïs, presque douter de sa culpabilité, surtout si je songe à sa vie si longtemps irréprochable ; mais malheureusement les faits existent ; une tentative d'effraction a été commise... le sang a coulé... soit ; et cependant... l'accusé, malgré ses aveux... l'accusé est-il bien réellement l'auteur de ces faits? Examinons.

A ces mots qui exprimaient un doute sur sa culpabilité, monsieur Dubousquet fut saisi d'épouvante ; son défenseur était sur la voie de la vérité...

— Je crus mon pauvre frère perdu, dit à ce sujet le repris de justice à Wolfrang. — Heureusement le ciel m'inspira... et interrompant l'avocat avec une ironie féroce... dont je me croyais bien incapable, mon Dieu! je dis froidement, en m'adressant au garçon de caisse cité comme témoin, à peine convalescent, la tête encore enveloppée de bandages, et assis non loin de mon banc : — Réponds donc à l'avocat... qui demande si je suis le meurtrier... Tu m'as vu entre tes deux yeux, toi... gredin... qui m'as empêché de faire un si bon coup...

L'effroyable cynisme de ces paroles, cette insulte de l'accusé à sa victime, souleva l'horreur de l'auditoire et du tribunal; des imprécations menaçantes s'élevèrent contre M. Dubousquet du sein de la foule.

— Malheureux ! — s'écria le président du tribunal, vous osez encore outrager celui que vous avez assassiné !

— Sans lui, je mettais la main sur une centaine de mille francs, et je ne serais pas ici ! — répondit M. Dubousquet avec un sangfroid effrayant. — Ce gueux-là m'a fait perdre le fruit de mes combinaisons... Je m'étais logé à proximité de la maison du banquier, afin d'être à portée de m'introduire chez lui et de forcer sa caisse; je n'ai que trois misérables mille livres de rentes et j'en voulais avoir dix mille, chiffre rond ; quelques paquets de billets de banque réalisaient mes vœux, et le vol fait, personne au monde ne me soupçonnait; j'étais couvert par mes honorables antécédents... Cette canaille de garçon de caisse est donc cause que j'ai manqué de m'enrichir une bonne fois et que je suis ici ; et vous voulez, messieurs, que je regrette de l'avoir assommé? Allons donc !... vous voulez rire, ou vous ne connaissez pas le cœur humain!... J'ai d'abord refusé de répondre, afin de voir quelle tournure prendrait l'affaire. J'espérais pouvoir tout nier ; mais, en homme de bon sens, j'ai reconnu que c'était impossible en présence des faits, et j'ai tout avoué. Mon parti est pris... le bagne m'attend... j'irai au bagne, d'où je compte bien m'évader ; mais puisque j'ai tout avoué, mais, jour de Dieu !... finissons-en ! car depuis les juges jusqu'à mon avocat... personne n'est amusant ici ; je vous l'apprends, si vous l'ignorez.

Cette réponse odieuse était fort habilement calculée, car en montrant l'accusé cupide, dissimulé, méditant de longue main sa criminelle tentative à l'abri de la bonne renommée dont il jouissait, ces antécédents honorables tournaient contre lui, et le cynisme de ses aveux, ainsi motivé, éteignait tout sentiment de pitié pour lui et redoublait l'aversion qu'il inspirait. Cette réponse réussit au gré des vœux de M. Dubousquet, et son avocat indigné quitta l'audience, convaincu dès lors d'une scélératesse dont il avait pu douter un instant.

En vérité, l'esprit reste confondu, lorsque l'on réfléchit que cette réponse, digne d'un criminel endurci, avait pu être improvisée par cet homme dont la timidité naïve égalait la bonté angélique, et qui ressentait si cruellement les mépris et l'horreur de ceux qui le croyaient un criminel. Cette contradiction semblerait incroyable, si l'on ne savait quels prodiges peut enfanter le dévouement.

— Lorsque le lendemain je lus dans le journal les paroles prononcées par moi lorsque j'avais interrompu mon avocat, — dit à Wolfrang le forçat libéré avec sa touchante ingénuité, — je pouvais à peine en croire mes yeux ; il me fallut longtemps interroger ma mémoire pour me persuader que j'avais réellement répondu de pareilles scélératesses. Mais je parlais sous le coup de mon épouvante de voir soupçonner ou accuser mon frère... La présence de M. Borel, qui ne me quittait pas des yeux... et qui savait mon secret, redoublait ma terreur... Cette surexcitation m'aura sans doute donné de l'aplomb, de l'imagination, et j'aurai dit précisément ce qu'il fallait dire... pour paraître un grand criminel. Je n'aurais jamais, au grand jamais, imaginé de sangfroid une telle réponse ; il paraît que j'étais vraiment effrayant, à ce que rapportait le journal. C'est bien possible, puisque lorsque je ne me suis plus entendu parler... (car par une singulière hallucination de mon esprit, il me semblait, en répondant ainsi, entendre une autre voix que la mienne), le public a redoublé ses imprécations contre moi, tandis que le tribunal et les jurés me regardaient avec horreur...

Il va de soi, que l'accusé, en raison de son abominable cynisme, fut condamné au maximum de la peine, — aux travaux forcés à perpétuité. — Dirigé sur le bagne de Brest, il y arriva mourant, n'ayant pu résister à la réaction physique de tant de secousses morales, et étant d'ailleurs d'une assez chétive santé. Sa guérison achevée, il revêtit la casaque rouge et coiffa le bonnet vert, signes distinctifs des condamnés à perpétuité. Il fut accouplé à la même chaîne qu'un robuste forçat nommé *Landry*, voleur et assassin, homme indomptable et féroce, l'effroi de la chiourme. La douceur angélique de M. Dubousquet apprivoisa ce monstre.

Un mot à ce sujet, nous l'avons dit, et nous l'avons dit ailleurs souvent à l'appui de notre foi religieuse, dans LA BONTÉ NATIVE DE L'HOMME, nous n'admettons point la *tache originelle*. — Les plus grands scélérats, toujours poussés au crime, — par l'ignorance, — par la misère, — par l'abandon, — par le mauvais exemple, — par la subversion de leurs forces passionnelles, — ou enfin par certains vices constitutifs de l'État social, — les plus grands scélérats ne sont pas scélérats tout d'une pièce, — et presque toujours ils sont encore acessibles à de bons sentiments.

La fièvre du crime n'est qu'un phénomène dans l'état normal de l'âme, de même que la fièvre proprement dite est un phénomène dans l'état normal du corps. Les accès de l'une comme ceux de l'autre peuvent non seulement se guérir, mais se prévenir, de même que les gens soumis dès l'enfance à une hygiène sévère, salubre et prévoyante, acquièrent une complexion saine, robuste, et sont rarement malades. — L'accès du mal moral, de même que le mal physique, est passager; c'est une perturbation momentanée des notions du juste et de l'injuste; mais bientôt, ces éternels et divins principes reprennent leur équilibre dans les âmes les plus endurcies ; chez elles, le mal n'est jamais la condition normale, elle est accidentelle;

leur accès de crime passé, le voleur et l'assassin redeviennent ainsi que l'on dit, — des hommes comme les autres, — ayant conscience du bien et du mal, accessibles aux sentiments généreux jusqu'au moment où leur raison troublée par un nouvel accès, les pousse à un nouveau méfait; après quoi ils retombent dans la loi commune de l'humanité; ils ne sont pendant les cinq sixièmes de leur vie ni pires ni meilleurs que le commun des hommes, et ils ont alors souvenir et repentance de leurs méfaits, puisque, nous le répétons, ils ont, qu'ils le veuillent ou non, conscience du juste et de l'injuste.
— C'est une erreur ridicule que de croire que le voleur et l'assassin vivent constamment sous l'empire de cette pensée : — je fais bien de voler et de tuer. — Cela n'est pas vrai. Ils ont parfaitement conscience que le vol et le meurtre sont des forfaits condamnables et punissables.

Donc, nous avons dit, comment, et nous venons de tenter d'expliquer pourquoi la douceur angélique de Dubousquet apprivoisait son compagnon de chaîne, le forçat Landry, homme d'une force herculéenne et la terreur du bagne. Les coups de bâton, les doubles fers, le cachot, étaient impuissants à dompter cette nature rebelle à la force; mais quelques paroles bienveillantes, un touchant appel aux sentiments généreux, célestes trésors toujours enfouis, souvent à leur insu, au fond de l'âme des plus pervers, et aussitôt s'accomplissait le miracle opéré par M. Dubousquet. Sa bonté, sa résignation, son courage à supporter les rudes labeurs, malgré sa faiblesse, intéressèrent à lui Landry, son compagnon de chaîne; seulement il ne pouvait concevoir comment Dubousquet, si timide, si affectueux, avait eu jamais l'énergie du crime, et il lui répétait sans cesse :

— Comment... toi... toi... tu as volé?... tu as assassiné?

— Il faut bien que ce soit, — répondait Dubousquet, — puisque je suis ici.

— Tu as assassiné... toi? si bonasse !... si maigrelet ! — reprenait l'hercule à bonnet vert, — c'est étonnant ! Tout le monde s'en mêle donc?

— Quoi d'étonnant?— répliquait Dubousquet; — vous vous mêlez bien, vous, d'être bon pour moi en m'épargnant le plus de fatigue que vous pouvez quand nous allons aux travaux de force...

— C'est tout simple! — tu es faible, — je suis robuste, — ça ne me coûte rien de te soulager.

— Et puis, vous êtes bon...

— Je suis bon... je suis bon... quand je n'ai pas autre chose à faire; je suis bon quand je n'ai pas intérêt à être méchant, tonnerre de Dieu!

— Ne vous fâchez point, Landry, c'est justement là ce que je voulais dire... Oui, l'occasion fait le larron, n'est-ce pas?

— C'est malin!... Et puis après?

— Donc, sans occasion, il n'y aurait pas de larron?

— T'es fin comme Gribouille, toi... Parbleu! si je n'avais pas eu de pipe, on ne m'aurait pas volé la mienne hier... un brûle-gueule que je culottais depuis six mois!... Ah! si je le connaissais, le brigand!

— Le fait est qu'un pareil vol, c'est indigne! — disait Dubousquet; — car enfin, ce qui est à nous n'est point aux autres : pas vrai, Landry?

— Je crois bien....ma pipe est à moi... nom d'un nom! et si je connaissais le brigand!

— Donc, dérober autrui... est vilain. C'est ce que je me dis parfois quand je pense a. vol que j'ai commis... Et vous, Landry?

— Minute... je ne parle que de ma pipe!

— Je le veux bien, parlons de votre pipe... C'est probablement pendant la nuit qu'on vous l'a volée?

— Pour sûr... le triple gueux!!

— Supposons qu'éveillé en sursaut par le voleur, au moment où il vous larronnait votre pipe, vous ayez voulu la reprendre et qu'il vous ait tué d'un coup de couteau... qu'est-ce que vous penseriez de ça, vous Landry?

— Je penserais... que ça serait un fier scélérat; m'assassiner parce que je défends ma pipe! une pipe culottée!

— Croyez-vous que cet assassin-là, en admettant même que personne ne sût qu'il aurait fait le coup, fumerait toujours sans remords dans une pipe qu'il n'aurait pu posséder qu'en vous tuant?

— S'il n'avait pas de remords, mon brûle-gueule devrait la lui brûler pour de bon, la gueule, à ce brigand-là... si le bon Dieu était juste; oui, car si je m'étais volé à moi-même une pipe si bien culottée... je ne me le pardonnerais jamais... je me le reprocherais toute ma vie.

— Eh bien! voyons, est-ce que vous croyez que ceux que nous avons tués ou voulu tuer pour leur voler leur argent... et cet argent était à eux aussi bien que votre pipe était à vous, n'est-ce pas, Landry?

— Dame!

— Est-ce que vous croyez qu'en parlant de nous, ceux-là n'ont point aussi le droit de s'écrier aussi comme vous : « Brigands! s'ils n'ont pas de remords, l'argent qu'ils m'ont volé en m'assassinant leur brûlerait les mains, si le bon Dieu était juste! Hein, Landry?

— Qu'est-ce que tu veux que je te dise?

— Enfin, est-ce vrai?

— Est-ce que je sais, moi!

— Oh! que si... vous le savez bien... que c'est vrai...

— Tiens, fiche-moi la paix! tu m'embêtes à la fin, avec tes raisons!... tu m'écœures ! — m'avait répondu Landry après un moment de sombre silence, — disait Dubousquet à Wolfrang en lui racontant cette scène. — J'étais tout joyeux. Ce malheureux distinguait toujours le bien du mal... Il avait éprouvé des remords... ou bien je les éveillais en lui, mais il ne les avouait pas par mauvaise honte... par fanfaronnade. Je vous dis cela, monsieur Wolfrang, parce qu'il me semble qu'il y a toujours du bon chez les plus méchants. La bonté, l'amitié de Landry à mon égard ne se sont jamais démenties pendant quinze mois que nous avons été accouplés à la même chaîne ; et lorsque l'on nous a séparés pour m'employer dans les bureaux en qualité d'écrivain, Landry, cet homme de fer, a pleuré comme un enfant... Il m'affectionnait environ comme le tigre du Jardin des Plantes, qui aimait tant ce petit chien blanc qu'on avait mis dans sa cage... Du reste, six semaines après que l'on nous eut désaccouplés, Landry s'échappa de la chiourme. Je ne l'ai pas revu.

. . . .

Dubousquet, employé dans les bureaux du commissaire de la marine chargé de l'administration du bagne de Brest, se trouva d'un côté beaucoup plus heureux qu'à la chaîne, en cela qu'il s'occupait d'un travail de bureau, et que sa douceur, son zèle laborieux, la parfaite régularité de sa conduite, lui méritèrent bientôt l'intérêt des commis supérieurs. Mais, par cela même qu'il se trouvait ainsi de nouveau en contact avec d'honnêtes gens, il ressentit de rechef la poignante amertume de la honte ; souffrance pour lui la plus cruelle de toutes, et elle lui était du moins épargnée lorsqu'il vivait à la chaîne au milieu des forçats : ceux-là n'éprouvaient pour lui ni mépris ni aversion.

Chaque année, le commissaire du bagne envoie au ministre des notes sur la conduite des forçats; celle de M. Dubousquet fut tellement irréprochable, qu'au bout de cinq ans on le porta sur le tableau des condamnés qui méritent d'obtenir d'abord une réduction dans la durée de leur peine, et plus tard une grâce entière, si leur conduite est toujours satisfaisante. Ainsi, la peine de Dubousquet, d'abord commuée de la *perpétuité* à quinze ans, lui fut complètement remise au bout de onze années de séjour au bagne de Brest. Six mois avant sa libération, Dubousquet, ainsi qu'il le dit naïvement à Wolfrang, fit connaissance avec *Bonhomme*. Ces premiers rapports furent tragiques. *Bonhomme* venait de voir le jour, et un domestique du commissaire de la marine à qui appartenait la mère du nouveau-né, allait simplement le jeter à l'eau ; Dubousquet demanda en grâce la permission d'élever le chien ; il eut la patience de le nourrir au biberon, et *Bonhomme* grandit, sinon en beauté, du moins en intelligence et en attachement pour son maître.

— Depuis notre sortie du bagne, cette pauvre bête et moi nous ne nous sommes jamais quittés, — dit le forçat libéré à Wolfrang en achevant ainsi son récit. — Il a été le seul confident de mes peines et aussi de mes petits bonheurs, car je vous le répète, monsieur Wolfrang, et vous me croirez maintenant que ma vie entière vous est connue : mes bons moments sont ceux que je passe seul avec ma conscience et avec mon chien ; aussi je vais le rendre fièrement heureux en lui apprenant que vous nous gardez comme locataires, quoique nous ayons été tous les deux au bagne.

M. Dubousquet prononçait ces mots, lorsque la sonnette extérieure de l'appartement retentit bruyamment, tintement auquel succéda deux aboiements du chien, jusqu'alors couché en dehors de la porte du salon.

— Qui peut sonner si fort? — dit Dubousquet, se levant surpris et s'adressant à Wolfrang. — Vous permettez, monsieur, que j'aille voir ce que c'est?

— Je vous en prie, ne vous gênez pas... j'ai deux mots encore à vous dire.

Le forçat libéré sortit, et répondant aux caresses de son chien, il lui dit d'une voix triomphante de bonheur :

— Nous restons ici, mon pauvre Bonhomme, mon Dieu, oui, nous restons... Ah! c'est toute une histoire... va! Je te conterai ça, ce soir.

Ce disant, Dubousquet étant allé ouvrir la porte donnant sur le palier, se trouva en présence de Toinette Dubousquet, servante de M. de Saint-Prosper, fondateur de l'œuvre d'alimentation pour la première enfance.

XXXIII

M. Dubousquet resta fort surpris à la vue de la servante de M. de Saint-Prosper, qu'il n'avait jamais jusqu'alors rencontrée dans la maison, car il sortait rarement et choisissait l'heure du soir pour ses promenades. La jeune fille habitant d'ailleurs depuis peu de temps ce logis, ainsi que son maître, avait été presque toujours retenue au lit par la maladie.

Toinette, très émue, très pâle, et à qui le repris de justice vient d'ouvrir la porte, le contemple pendant un moment avec un mélange d'inquiétude et de curiosité, puis elle murmure d'une voix étouffée :

— Plus de doute! c'est lui... mon Dieu! Comme il ressemble à feu mon pauvre père!...

Ces mots, prononcés d'une manière presque inintelligible, ne sont pas entendus du forçat libéré qui, frappé de la touchante physionomie de la jeune fille et surtout du trouble croissant dont elle semble agitée, car elle baisse la tête et reste tremblante au seuil de la porte, lui dit avec bonté :

— Qu'y a-t-il pour votre service, mon enfant? Donnez-vous la peine d'entrer...

— Non... non, — répond Toinette, se reculant et paraissant presque effrayée. Puis elle ajoute après un moment de réflexion : — Et pourtant, que faire?... Mon Dieu, mon Dieu... que faire?... A qui recourir dans mon malheur?

— Qu'avez-vous, de grâce... ma pauvre enfant? Vous semblez souffrante, effrayée, — demande Dubousquet, de plus en plus étonné du trouble que sa présence paraît causer à la servante... puis il reprend : — Je vous en supplie, si vous avez quelque chose à m'apprendre... entrez chez moi.

— Il le faut... il le faut ! — murmura Toinette, répondant plutôt à sa pensée intime qu'aux paroles du forçat libéré. — Ah ! que dira ma mère ?

Dubousquet voyant la jeune fille faire un pas vers lui, la précède et l'introduit dans la pièce contiguë à celle où est resté Wolfrang. A peine entrée, la jeune fille tombe avec accablement sur une chaise, et cachant sa figure sous les plis de son tablier, fond en larmes sans articuler une parole. Le repris de justice, de qui l'étonnement fait place à une pitié pleine d'angoisse, se rapproche de Toinette et s'écrie d'un ton profondément apitoyé :

—Pour l'amour de Dieu ! ma pauvre chère enfant, qu'avez-vous ?

— Monsieur, — répond Toinette d'une voix tremblante, laissant retomber son tablier trempé de ses larmes et sans relever les yeux, c'est bien vous qui êtes monsieur Dubousquet?

— Sans doute.

— Vous êtes de Lyon ?

— Oui, mon enfant.

— Moi aussi... monsieur, je suis de Lyon.

— Hé bien, puisque nous sommes compatriotes, cela doit vous engager à me parler avec confiance.

—Hélas ! — murmure la servante en proie à une hésitation cruelle, — je n'ose... je n'ose...

— Rassurez-vous donc, pauvre enfant ; est-ce que je vous fais peur ?

— Non, monsieur. — Et Toinette pense à part soi : — Il n'a pourtant pas l'air méchant.

— Si je ne vous fais pas peur, alors dites-moi franchement ce que vous désirez de moi, mon enfant... Est-ce un service ? Je vous le rendrai de bon cœur... Votre jeunesse... votre figure, le chagrin que vous éprouvez... m'intéressent.

— Monsieur... vous connaissez... ma famille...

— C'est possible... puisque vous êtes de Lyon... Mais j'ai depuis si longtemps, si longtemps, quitté cette ville... que je n'y ai plus guère de connaissances... Enfin, comment vous nommez-vous ?

À cette question, nouvelles hésitations de Toinette ; elle ne peut encore les vaincre, et attermoyant, ainsi que ceux qui reculent de seconde en seconde le moment d'une nécessité fatale, elle reprend :

— Je suis en service dans cette maison.

— Je m'étonne de ne vous avoir jamais rencontrée... Du reste, ce n'est pas extraordinaire... je sors si peu...

— Il n'y a pas longtemps que nous demeurons ici... et je relève... de maladie...

— En effet, vous êtes très pâle... et vous paraissez encore souffrante... Et chez qui êtes-vous en service ?

— Chez... monsieur... de Saint-Prosper.

La jeune fille a prononcé ces mots comme s'ils lui eussent brûlé les lèvres ; le forçat libéré reprend :

— Vous ne pouviez trouver une meilleure condition que la vôtre... M. de Saint-Prosper est un bien digne homme, et son œuvre charitable pour l'enfance... le fait bénir de toutes les mères...

— Lui !... grand Dieu ! — s'écrie Toinette

en cachant de nouveau son visage entre ses mains. — Lui !

Cette exclamation est accentuée avec tant d'horreur et d'effroi par la servante, que M. Dubousquet la contemple avec une vive surprise, puis :

— L'on croirait que vous avez à vous plaindre gravement de votre maître? Cela me surprendrait beaucoup. C'est un homme si vénérable ! Enfin... il se pourrait que malgré ses vertus, son caractère ne vous convînt point? En ce cas, vous viendriez donc me prier de vous trouver une autre condition... S'il en était ainsi, je serais bien embarrassé, car...

— Je n'en sais rien... ne me demandez rien... j'ai la tête perdue... je ne vis pas depuis six semaines... je deviendrai folle !... — s'écrie Toinette, les yeux fixes, hagards et semblant sous le coup d'une sorte d'égarement.

Le forçat libéré, dont l'étonnement redouble, contemple la jeune fille en silence, et celle-ci, revenant à elle, reprend d'une voix plaintive :

— Pardon... monsieur, — pardon!... Ah! si

vous saviez! — je suis si malheureuse... que parfois je ne sais plus ce que je dis.

— Pauvre chère créature, — vos paroles me navrent... mais, pour l'amour de Dieu, que puis-je faire pour vous?... vous aviez sans doute une demande à m'adresser en venant près de moi? cette demande, quelle est-elle?

Toinette se recueille pendant un instant, puis faisant un violent effort sur elle-même :

— Hier soir, monsieur, j'ai appris par mon maître que vous habitiez la maison... je l'ignorais jusqu'alors... je ne causais avec personne.

— Et... à quel propos votre maître a-t-il parlé de moi ?

— En me signifiant... qu'il me renvoyait... de chez lui... et que je devais chercher une autre place...

M. Dubousquet regarde la servante, comme s'il ne comprenait pas ces paroles, et répète :

— Pardon, mon enfant... Vous dites que c'est en vous renvoyant de chez lui... que M. de Saint-Prosper... vous a appris que j'habitais cette maison?...

— Oui, monsieur...

— Mais, ma chère enfant... cela est inexplicable... Quel rapport peut donc avoir ma personne avec votre renvoi ?

— C'est... c'est vous qui... en êtes cause...

— Qu'entends-je ! — s'écrie Dubousquet abasourdi, — c'est à cause de moi... que votre maître vous renvoie ?...

— Hélas, oui... Mon maître, m'a dit...

— Achevez...

— Qu'il ne pouvait pas...

— Qu'il ne pouvait pas ?...

— Garder chez lui...

— Ensuite ?...

— La nièce...

— Comment... la... nièce !

— D'un forçat libéré !

— Grand Dieu !... vous êtes...

— La fille de votre frère aîné : Auguste Dubousquet,

XXXIV

Monsieur Dubousquet, d'abord étourdi, pétrifié par cette révélation, aussi soudaine, qu'imprévue, grâce à laquelle il retrouvait la fille de son frère servante chez M. de Saint-Prosper, supposa, non sans raison, que sa belle-sœur ne trouvant pas le métier de tisseuse de soie, qu'elle exerçait ainsi que Toinette, suffisant à leurs besoins et à ceux de leur famille (Suzanne avait trois enfants), s'était résignée à envoyer sa fille en condition à Paris... Puis, sa première surprise apaisée, le repris de justice ne songeant plus qu'au bonheur de pouvoir enfin venir en aide à sa famille qui, jusqu'alors, par une fière et honorable susceptibilité, avait repoussé ses services, Dubousquet, les yeux baignés de douces larmes, s'écrie en tendant les bras à Toinette, dont il s'approche :

— Viens, viens, ma nièce bien-aimée ! Béni soit le bon Dieu ! il me permet, après tant d'années, de prouver à l'un des enfants de mon pauvre frère combien je l'aimais... combien je l'aime encore...

Mais hélas ! le forçat libéré remarque avec surprise d'abord, et ensuite avec une douleur poignante, que la jeune fille, non-seulement ne répond pas à l'affectueux appel qu'il lui adresse, mais qu'elle a reculé avec une expression involontaire de crainte et de répugnance, lorsque son oncle a fait un mouvement pour l'embrasser... Le malheureux recule à son tour, frémit, sa tête se penche sur sa poitrine, ses bras inertes retombent à ses côtés ; il murmure atterré :

— C'est juste... c'est juste... cette pauvre

enfant... a été élevée par sa mère dans le mépris et l'horreur... de son oncle le voleur... le meurtrier... le galérien !

Un pénible silence succède à ces navrantes paroles de M. Dubousquet. Toinette, devinant ce qu'il souffre, est sur le point de céder à la pitié, à l'attrait qu'elle éprouve pour son oncle, si bienveillant pour elle avant même de l'avoir reconnue, et qui semble si malheureux et si accablé de la répulsion qu'il inspire. Mais, habituée dès l'enfance à voir dans le repris de justice le déshonneur de sa famille, Toinette ne peut surmonter le dégoût, l'aversion, pour ainsi dire sucée avec le lait d'une mère que rendaient impitoyable sa vertu rigide et les malheurs dont elle attribuait en partie la cause au repris de justice, dont la condamnation infamante avait hâté les jours de son frère, — selon du moins que le croyait Suzanne.

M. Dubousquet, dominant la souffrance qu'il ressentait de l'accueil glacial et répulsif de sa nièce, dévore ses larmes, d'abord si douces et devenues bien amères, puis reprend, n'osant plus tutoyer la jeune fille :

— L'éloignement, pour ne pas dire plus,

que je vous inspire, m'afflige beaucoup...
mais je n'aurais pas dû m'en étonner... Cet
éloignement... je le mérite... Voudrez-vous,
du moins... avant de parler de ce qui vous
concerne actuellement... me donner des nouvelles de *notre*...

Mais se reprenant, car il se savait, hélas!
exclus de cette famille, le repris de justice
ajoute :

— De *votre* famille... Comment se porte
votre mère?

— Lorsque j'ai quitté Lyon, il y a six mois,
ma mère se portait assez bien... quoique
très fatiguée...

— Par l'excès du travail?

— Oui, mon onc...

Mais se reprenant ainsi que Dubousquet
un moment auparavant s'était repris, Toinette ajoute :

— Oui, monsieur...

Cette réticence, le refus de lui donner le
titre d'*oncle*, prouvent de rechef au forçat
libéré combien est opiniâtre l'aversion dont
il est l'objet dans la famille de son frère ; il
soupire et continue ainsi :

— Le salaire que gagne votre mère... est donc toujours bien minime?

— Malheureusement, oui, monsieur ; les métiers chôment trois jours sur cinq ; alors ma mère, afin d'employer le temps que lui laisse le chômage, a entrepris de blanchir le linge... Elle va laver aux bateaux du Rhône les jours où elle ne travaille pas au métier ; mais elle est faible de santé... il lui est nuisible d'avoir si souvent et surtout en hiver les pieds dans l'eau.

— Pauvre femme!... quelle activité !.. quel courage !.. elle est toujours la même... Hélas !.. il n'a pas dépendu de moi... qu'elle eût une existence moins dure... mais enfin !...

Et soupirant, M. Dubousquet ajoute :

— Et votre sœur Louise?

— Elle va au bateau et au métier avec ma mère.

— Elle doit avoir bientôt treize ans?

— Oui, monsieur, et elle est bien laborieuse... elle fait tout ce qu'elle peut pour aider ma mère...

— C'est du moins pour elle une consolation... Et votre frère Amédée?

— Vous voulez dire mon frère Justin?

— Je croyais pourtant qu'on lui avait donné mon nom : Amédée.

— Oui monsieur... d'abord on l'appelait Amédée... mais... plus tard...

— C'est bien... — reprend M. Dubousquet. Et les larmes lui montant aux yeux, il se dit avec amertume : — Mon Dieu !... jusqu'à mon nom de baptême qui leur fait honte ! Ils n'ont pas souffert qu'il fût porté par cet enfant après ma condamnation...

Le forçat libéré reprend tout haut :

— Que fait votre frère Justin ?

— Il est en apprentissage chez un bijoutier... mais il ne gagne pas encore sa nourriture... il est toujours à la charge de maman...

— Améd... — Mais, se reprenant, M. Dubousquet ajoute : — Justin a pourtant seize ans passés... comment ne gagne-t-il pas même sa nourriture chez son patron?

— Il est étourdi... ne peut tenir en place... il n'aime pas beaucoup son état. Quand on l'envoie en course, il reste très longtemps dehors. Maman craint qu'il ait fait de mauvaises connaissances.

— Comment cela?

— Un soir, en revenant de son bateau avec

ma sœur, maman a vu Justin attablé dans un cabaret du bord de l'eau, avec des hommes de mauvaise mine... Elle a laissé là son paquet de linge, a couru au cabaret, et a ordonné à mon frère de retourner tout de suite chez son patron... où elle l'accompagnerait. Justin est bien affectionné à maman, mais il a beaucoup d'amour-propre. Il s'est irrité d'être traité comme un enfant devant les amis avec lesquels il se trouvait, et qui riaient de lui... Il a mal répondu à ma mère... Elle est très vive... elle lui a donné un soufflet; alors il a juré qu'il ne remettrait pas les pieds chez nous... Et malgré les ordres, les prières de maman, il s'en est allé avec ces hommes de mauvaise mine...

— Ce que vous m'apprenez là, Toinette, m'afflige et m'inquiète beaucoup... Mais cette menace de Justin n'a été, je l'espère, qu'un coup de tête... il est revenu à la maison?

— Au bout de trois jours seulement.

— Et les trois jours d'absence, où les avait-il passés?

— Il n'a jamais voulu le dire à maman.

— Est-il ensuite retourné chez son patron?

— Celui-ci ne voulait pas d'abord le reprendre, mais maman a tant pleuré, l'a tant supplié, qu'à la fin il a consenti à recevoir Justin, mais en déclarant qu'à la première faute il le renverrait sans rémission.

— Justin s'est-il mieux conduit depuis?

— Oui, monsieur, pendant une quinzaine de jours ; et puis son naturel a repris le dessus... Il est très bon garçon; mais malheureusement il est d'un caractère très faible... et il a de nouveau mécontenté son patron.

— Cette fois, votre frère a été renvoyé sans rémission?

— Hélas! oui... et maman qui s'est un peu aigrie... — elle a eu tant de chagrins ! — s'est emportée contre Justin... elle lui a fait une scène terrible, lui disant qu'il était un sans-cœur, un fainéant, un vaurien, qu'un jour il rait aux galères comme son...

Toinette n'acheva pas, et regretta de s'être laissé entraîner par la chaleur de son babil, en regardant la physionomie navrée de son oncle.

Le repris de justice, quoiqu'une larme roulât sur ses joues, sourit avec une expression de résignation angélique, et dit tristement à sa nièce :

— J'espère que votre frère ne sera jamais aussi... aussi malheureux que moi... J'aime à croire exagérées les appréhensions de votre pauvre mère... bien que la conduite de Justin doive éveiller en elle de grandes inquiétudes... Et qu'est-il advenu du renvoi de votre frère de chez son patron ?

— Les reproches de maman ont fait beaucoup de peine à Justin ; il a longtemps pleuré, car au fond il a très bon cœur ; ses plus grands défauts sont son étourderie et sa faiblesse de caractère... Il a répondu à ma mère qu'il serait digne du nom de mon père. qui nous avait laissé l'honneur pour tout bien... qu'il mourrait plutôt que de devenir la honte de notre famille, que c'était bien assez...

Toinette s'interrompit encore.

Cette nouvelle réticence, si humiliante pour M. Dubousquet, ne le surprit pas ; son opprobre étant devenu, pour ainsi dire, une tradition domestique chez ces infortunés, ils devaient faire souvent allusion à cet opprobre, soit pour en gémir, soit pour le citer comme un exemple effrayant...

Aussi, plus que jamais, M. Dubousquet se disait :

— Ah ! je frémis, quand je songe que le malheur de cette famille, si cruel déjà, deviendrait désespéré... si elle savait, grand Dieu ! que ce n'est pas moi, mais mon frère qui, sans mon sacrifice, serait l'objet de cette horreur invincible, de ces malédictions dont ils me poursuivent... que l'opprobre de notre famille serait ce père... cet époux... dont la mémoire est par eux si vénérée... Ah ! combien je me félicite de m'être dévoué pour Auguste !

Le forçat libéré reprit d'un ton de douceur ineffable :

— Votre frère avait raison, Toinette... c'est bien assez... c'est trop des chagrins causés par moi... à votre famille...

— Pardon... monsieur... si je vous ai fait de la peine... c'est malgré moi... et...

— Ce n'est pas un reproche que je vous adresse, mon enfant...

Mais craignant de blesser sa nièce par cette

familiarité, M. Dubousquet ajoute timidement et d'une voix traînante:

— Laissez-moi... vous appeler mon enfant... Le voulez-vous?...

— Monsieur...

— Bien... bien... si cela vous contrarie... je n'insiste plus...

— Non, monsieur... cela ne me contrarie pas...

La jeune fille, malgré la répulsion que lui inspirait le repris de justice, se sentait attendrie, désarmée, en présence de tant de mansuétude et de résignation. — Elle ne pouvait revenir de sa surprise en trouvant son oncle si différent du portrait repoussant qu'elle se figurait depuis son enfance. Cependant, les premières impressions que nous recevons dès le bas-âge sont tellement tenaces et incarnées en nous, que Toinette ne pouvait complètement vaincre la défiance, l'éloignement qu'elle éprouvait pour le forçat libéré.

— Non, ce n'est pas un reproche que je vous adresse, mon enfant, — avait repris M. Dubousquet. — Il est convenable que Justin ait parlé de moi dans les termes que vous me rapportez... Il sera, je n'en doute pas, fidèle à ses bonnes résolutions ; car, lorsque son père m'écrivait, il me disait que son fils avait un excellent cœur... Le bon cœur, il l'a conservé, dites-vous ; il ne faudrait point désespérer de lui... A-t-il continué son apprentissage chez un autre patron ?

— Non, monsieur ; il a dit à maman qu'il ne se sentait aucun goût pour la bijouterie... où il lui fallait rester enfermé dans un atelier, toujours assis sans bouger... qu'il avait besoin d'air et de mouvement ; il a conjuré ma mère de lui laisser prendre le métier de déchireur de bateaux sur le Rhône...

— Quelle étrange idée !... Ce métier est des plus pénibles !

— Sans doute, monsieur ; mais Justin disait que, pour cet état-là, il n'y avait pas besoin d'apprentissage, et qu'il gagnerait bientôt sa vie, car il était fort et actif... Maman lui a répondu que, sans mépriser personne... et que tout en reconnaissant qu'il y avait d'honnêtes gens partout, on rencontrait parfois des gens sans aveu, des vagabonds, des braconniers de rivière parmi les déchireurs de bateaux.

— C'est justement la réflexion qui me venait à l'esprit, mon enfant; et tout en disant comme votre mère qu'il est d'honnêtes gens partout, il serait à craindre, vu la faiblesse du caractère de Justin, qu'il ne fît dans ce métier-là de dangereuses connaissances.

— C'est ce que maman a répondu à mon frère, ajoutant que depuis plus de quatre ans déjà il travaillait dans la bijouterie, que ce serait une folie que de quitter un état avantageux, où il gagnerait bientôt sa vie s'il voulait être laborieux et sage, et qu'elle tâcherait de le placer chez un autre patron.

— Votre mère parlait sagement, mon enfant. Et Justin a-t-il écouté ces conseils?

— Non, monsieur... il a tant supplié maman... que de guerre lasse, elle a consenti à ce qu'il voulait...

— Et cela est fâcheux... très fâcheux.

— Sans doute, monsieur; cependant lorsque j'ai quitté Lyon... mon frère déchirait des bateaux, et gagnait vingt-cinq sous par jour...

— Enfin... quoi que j'eusse désiré pour mon nev... pour Justin une autre profession... il faut se consoler s'il gagne honnêtement son pain.

— Maman, dans ses dernières lettres, me disait qu'elle n'avait pas à se plaindre de mon frère... mais qu'elle restait par fois des quinzaines de jours sans le voir, parce qu'il allait, disait-il, travailler sur les rives de la basse Saône, avec un patron qui l'avait embauché. Ce patron se nomme Landry, et...

— Ah! mon Dieu! — s'écrie M. Dubousquet tressaillant au souvenir de son ancien compagnon de chaîne à Brest, qui s'était évadé du bagne. — Ah! mon Dieu!... Landry!... Si c'était lui ?...

— Est-ce que vous le connaissez, monsieur ? — demande Toinette surprise de l'angoisse qui se peint sur les traits de son oncle. — Vous semblez alarmé...

— Savez-vous, mon enfant, quel âge a ce Landry ?

— C'est un homme déjà vieux... à ce que m'a écrit maman.

— Déjà vieux... c'est bien cela... il avait environ trente ans, alors que nous étions au bagne, se dit M. Dubousquet.

Et il reprend tout haut :

— Cet homme, votre mère l'a donc vu, mon enfant ?

— Oui, monsieur, elle m'a écrit que la première fois que mon frère était resté si longtemps absent, il avait amené à la maison ce nommé Landry, afin qu'il pût tranquilliser maman, en l'assurant que Justin travaillait chez lui depuis quinze jours... Et elle ajoutait, dans sa lettre, que cet homme avait une bien mauvaise figure.

— Plus de doute ! ça doit être lui, — s'écrie Dubousquet. — Ah ! le malheureux enfant !... il est perdu !

— Perdu !... mon frère ! — s'écrie à son tour Toinette, effrayée de l'expression des traits de son oncle ; — pourquoi donc serait-il perdu ?

Mais sans répondre à cette question, le repris de justice ajoute :

— Votre mère vous donnait-elle d'autres détails sur ce Landry ?

— Non, monsieur... elle me disait dans sa lettre, comme je viens de vous le rapporter, qu'il avait une bien mauvaise figure, mais que, d'après ses paroles, il semblait honnête homme ; il lui a promis de veiller sur mon frère... comme il veillerait sur son fils !

— Quel mentor ! bonté divine ! — s'écrie M. Dubousquet en frémissant ; et il reprend vivement : — Mon enfant... écrivez... aujourd'hui même à votre mère... qu'il faut à tout prix retirer Justin de la compagnie de ce Landry, sinon, je vous le répète, ce malheureux enfant est perdu... s'il ne l'est déjà... hélas !...

— Mon Dieu... monsieur, vous me faites trembler... Ce Landry est donc...

— Un homme des plus dangereux.

— Mais ce n'est peut-être pas le même que celui dont vous vous défiez...

— C'est possible, à la rigueur... — pourtant je ne crois pas me tromper... Il vaut mieux d'ailleurs, en tout cas, et dans le doute, que votre frère quitte son nouveau métier. Apprenez donc à votre mère que j'ai tout lieu de croire que ce Landry est un misérable... qu'il faut sur-le-champ lui enlever Justin... Peu importe, quant à présent, qu'il gagne ou non sa vie... je pourvoirai à ses besoins... Il vaut mieux cent fois qu'il reste un mois ou deux auprès de votre mère... sans travailler, que de fréquenter davantage ce Landry... Ah! ma pauvre enfant, je frémis en songeant à la faiblesse du caractère de votre frère !... Pourvu, mon Dieu ! qu'il ne soit pas trop tard !

Et montrant son bureau où il se trouve du papier, des plumes et de l'encre :

— Il n'y a pas un moment à perdre... mettez-vous là, mon enfant, et écrivez sur l'heure à votre mère... Un seul jour de retard peut être fatal...

Mais voyant la jeune fille rester immobile ; rougir et baisser les yeux avec embarras, M. Dubousquet reprend avec instance :

— Je vous en adjure... ceci est plus grave que vous ne le pensez... Écrivez sans retard à votre mère... que ce Landry est un misérable... et qu'en attendant que Justin ait trouvé du travail, il ne manquera de rien ; je vais vous donner un billet de deux cents francs, vous le mettrez dans la lettre.

— Monsieur... — reprend la jeune fille d'une voix altérée, — je regrette de vous affliger... en ce moment surtout... où vous voulez me rendre service... mais si ma mère savait seulement que je vous ai parlé... elle ne me reverrait de sa vie... Quant à l'argent... que vous voulez lui envoyer, elle nous a dit cent fois qu'elle aimerait mieux mourir à la peine... que d'accepter un liard de vous.

— Ah! c'est à se désespérer! — s'écrie le repris de justice. — Mais en présence des circonstances actuelles... ces préjugés sont insensés, sont coupables, et...

— Ma mère n'a pas de préjugés... monsieur, — reprend Toinette avec vivacité; — tous les honnêtes gens agiraient comme elle...

— Mais votre frère... votre frère!...

— Je ne demande pas mieux que d'écrire à maman.. sans m'expliquer autrement, qu'elle s'oppose le plus tôt possible à ce que mon frère continue de fréquenter ce Landry... parce que c'est un mauvais homme, ainsi qu'elle l'avait d'abord jugé sur sa figure... Voilà tout ce que je peux dire à maman.

— Soit... mon enfant, — reprend M. Dubousquet consterné; — mais du moins écrivez cela tout de suite...

Toinette s'approche de la table, et pendant

qu'elle écrit, le forçat libéré se dit avec un accablement douloureux :

— C'est juste... la fatalité le veut ainsi... Quelle créance aurait ma belle-sœur à mes affirmations au sujet de ce Landry ?... est-ce que je ne suis pas moi-même un forçat libéré ?... Puis, d'ailleurs aux yeux prévenus de Suzanne, je n'ai pas le droit de me mêler des intérêts d'une famille qui me repousse depuis si longtemps de son sein... Quant à l'argent que j'offrais afin de subvenir aux besoins de cet enfant, — hélas... peut-être perdu à cette heure, — Suzanne doit le refuser... n'a-t-elle pas jusqu'à présent refusé impitoyablement mes secours ?... n'a-t-elle pas dit à ses enfants qu'elle aimerait mieux mourir à la peine que d'accepter un liard de moi ?... Ah ! monsieur Borel... monsieur Borel !... elles ne sont pas encore à leur terme... les terribles conséquences de votre abus de confiance !... Sans votre crime... cette femme vivrait heureuse et dans l'aisance, et depuis vingt ans elle vit dans les angoisses de la détresse... et peut-être le fils de mon frère est en ce moment... sur le chemin de perdition... qui doit un jour le conduire au bagnel... Et vous êtes dix fois millionnaire, monsieur Borel! et vous jouissez de l'estime de tous les gens de bien!

— J'ai écrit, monsieur, — dit Toinette se levant ; — j'annonce à ma mère... que le hasard m'a appris que ce Landry était un homme très dangereux, et qu'il faut se hâter de retirer mon frère d'auprès de lui... J'espère que maman me croira... Ce que je lui apprends au sujet de ce Landry n'est que trop d'accord avec la première impression qu'elle avait eue de lui...

— Ce sera déjà beaucoup d'enlever votre frère à une si dangereuse influence... mais hélas!... il restera peut-être longtemps à la charge de votre mère... Enfin, Dieu m'en est témoin... il n'a pas dépendu de moi que la famille de mon frère fût à l'abri du besoin...

— Justin a déjà été à la charge de maman et de ma petite sœur... et à force de travail elles ont pu à peu près suffire à tout...

— Mon enfant... — reprend M. Dubousquet après un moment de réflexion, — il y aurait cependant, si vous le vouliez, un moyen d'épargner cette lourde charge à votre mère et à votre sœur, qui ont déjà tant de peine à vivre...

— Quel moyen, monsieur?

— Cet argent... que je vous proposais...

— Monsieur... je vous ai déjà dit que...

— Attendez ; ne pourriez-vous laisser croire à votre mère... que cette petite somme... que vous lui envoyez... est le fruit de vos économies ?...

— Est-ce que je ne saurais pas, moi... d'où vient cet argent, monsieur?... Ce serait tromper maman... Je lui ai envoyé depuis que je suis en service... les trois quarts de mes gages... je me priverais de tout pour elle, pour ma petite sœur et mon frère... mais il m'en coûte de vous le répéter, monsieur... je ne dois rien accepter de vous, ni pour ma mère... ni pour moi...

— Qu'il en soit donc ainsi, mon enfant !... pourtant... je vous l'avoue... lorsque, tout à l'heure, je vous ai vue venir ici... vous adresser à moi... j'avais espéré que...

— Je ne voulais rien vous demander qu'un conseil, monsieur, — s'empresse de répondre la jeune fille, ainsi ramenée aux circonstances qui lui étaient personnelles, et dont l'entretien sur sa famille l'avait momentanément distraite. Ses traits s'altérèrent de nouveau, elle baissa la tête et parut en proie à une angoisse croissante.

Le forçat libéré soupira et reprit :

— Soit, mon enfant, puisque vous ne voulez accepter de moi que des conseils... je vous conseillerai de mon mieux... Sans doute vous êtes entrée en service, parce que votre métier de tisseuse, souvent interrompu par le chômage, vous était insuffisant?

— Oui, monsieur... Il y a environ dix-huit mois, ma mère m'avait placée à Lyon chez une dame veuve, dont elle blanchissait le linge ; je gagnais peu d'abord, parce que je n'étais pas encore au fait du service... mais au bout de six mois, ma maîtresse, satisfaite de moi, venait d'augmenter mes gages... lorsque malheureusement... ah !... bien malheureusement pour moi... elle est morte...

— Est-ce à cette époque que vous êtes venue à Paris ?

— Hélas ! oui... on assurait à ma mère que les gages que l'on donnait à Paris étaient presque le double que ceux que l'on gagnait à Lyon... cela m'a décidé... J'espérais ainsi pouvoir aider ma mère et ma petite sœur... Une de nos voisines m'avait indiqué un bureau de placement à Paris, je m'y suis fait inscrire... et huit jours après...

Toinette s'interrompt; elle frissonne, agitée d'un tressaillement nerveux, puis murmure d'une voix à peine intelligible :

— Huit jours après... j'entrais chez M. de Saint-Prosper... Mon malheur... a daté... de ce jour-là...

La jeune fille n'achève pas, un sanglot la suffoque. Elle cache son visage entre ses mains.

M. Dubousquet, de plus en plus étonné de l'effroi que cause à sa nièce la seule pensée de M. de Saint-Prosper, le moderne Vincent de Paule, s'efforce de la calmer, afin de provoquer ses confidences, lorsqu'il entend sonner à sa porte; il laisse pendant un instant Toinette seule, va ouvrir, et reste ébahi à l'aspect de Sylvia.

Celle-ci lui dit avec un accent d'affectueuse déférence :

— Bonjour, mon cher monsieur Dubousquet, je viens d'apprendre en montant chez mademoiselle Antoinette qu'elle était chez vous.

— Oui, madame, — répond le repris de justice, et il se dit à part lui : — Ah ! mon Dieu, pendant mon entretien avec ma nièce... j'avais oublié M. Wolfrang !

— J'ai deux mots à lui dire, — poursuit Sylvia, et j'ai saisi avec empressement cette occasion de vous répéter ce que vous savez d'ailleurs déjà, que nous ressentons pour vous une si profonde estime, que nous serons très heureux si vous voulez bien regarder notre maison comme la vôtre... sans oublier *Bonhomme* qui, vous le voyez... me traite déjà en ancienne connaissance.

Et la jeune dame, souriant, accorde une caresse au barbet qui lui fait fête, n'ayant pas oublié le bon accueil qu'il a reçu la veille ; puis elle ajoute :

— Auriez-vous l'obligeance, monsieur Dubousquet, de prévenir Wolfrang que je désire lui parler ? ou mieux, permettez-moi d'entrer un moment chez vous et de vous rendre ainsi votre aimable visite d'hier soir...

M. Dubousquet éprouvait une émotion nouvelle pour lui... et si douce... oh ! si douce, qu'en si abandonnant, il oubliait, si l'on peut s'exprimer ainsi, la *présence réelle* de Sylvia.

Ainsi, à l'instant même où sa nièce, avec une naïveté cruelle, lui donnait tant de preuves poignantes du mépris, de l'aversion traditionnelle qu'il inspirait et devait inspirer à sa famille, une jeune femme, douée des plus nobles qualités du cœur et de tous les avantages de la beauté, de l'esprit et de la richesse, venait chez lui, repris de justice, accablé la veille sous les dédains de tous, lui témoigner sa profonde estime.

L'impression née de ce contraste était, nous le répétons, à la fois si étrange et si douce pour M. Dubousquet, qu'il s'y abandonnait avec délices, oubliant d'abord la présence de Sylvia, debout au seuil de la porte; puis enfin il lui dit, les yeux pleins de larmes et la contemplant avec l'expression d'une reconnaissance ineffable :

— Ah! madame... madame... si vous saviez quel bonheur je vous dois en ce moment!

La physionomie, l'accent, le regard du repris de justice, étaient si touchants, que Sylvia, oubliant également que leur entretien avait lieu sur le palier de l'escalier, lui répondit émue :

— Et vous, monsieur Dubousquet, vous me rendrez aussi très heureuse si, comme je l'espère, vous êtes convaincu de l'admiration que Wolfrang et moi... nous ressentons pour votre caractère...

Et la jeune femme reprend avec un doux et gai sourire :

— Vous ne voulez donc pas absolument me permettre d'entrer chez vous, monsieur Dubousquet, ne fût-ce qu'un instant, afin que j'aie au moins le plaisir de vous rendre votre visite en venant chercher Wolfrang?...

— Ah! mon Dieu, madame... que de pardons j'ai à vous demander!... que de bontés de votre part!... Quoi!... vous daigneriez... me faire la grâce... de...

— Mais certainement... et je suis, à regret, obligée de vous avouer, mon cher voisin, que *Bonhomme* me fait beaucoup mieux que vous les honneurs de votre logis... Voilà déjà plusieurs fois que, par ses regards, ses allées, ses venues, il m'invite à entrer céans...

— reprend gaiement Sylvia, remarquant

l'intelligent manége du barbet. — Je le suivrai donc, s'il vous plaît...

Ce disant, et précédée du barbet qui, gambadant et jappant comme s'il eût été fier de proclamer la glorieuse visite faite à son maître, la jeune femme, suivie du forçat libéré, entre dans la pièce où est restée Toinette.

Celle-ci n'était plus seule.

Wolfrang, sortant du salon, d'où il avait entendu la conversation de M. Dubousquet et de sa nièce, venait de la rejoindre ; elle ignorait le nom de cet étranger qui s'offrait soudain à ses yeux ; et à son aspect, éprouvant une confusion extrême, elle demeurait immobile, accablée sur sa chaise, la tête penchée sur sa poitrine, et fuyant les regards de Wolfrang, qui la contemplait avec une commisération profonde, car il savait depuis la veille le secret terrible que l'infortunée venait confier à son oncle.

Sylvia ne put retenir un mouvement de surprise et d'intérêt à la vue de la servante, car son attitude douloureuse et brisée annonçait un chagrin accablant.

Wolfrang, d'un signe expressif, engage la

jeune femme à garder le silence, et à laisser Dubousquet seul avec Toinette.

— Du courage... mon ami... du courage !... votre cœur, si endolori déjà... va recevoir un coup cruel, — dit Wolfrang au forçat libéré, qui l'accompagnait dans l'antichambre précédant la pièce où restait Toinette. — Ne prenez aucune décision avant de me revoir... Votre nièce et sa famille refusant vos services, nous saurons bien les amener à accepter les nôtres... nous ne l'abandonnerons pas, votre nièce ; elle mérite la commisération des honnêtes gens... Oui, je vous répète... malgré l'aveu... terrible qu'elle va vous faire... Toinette est digne de la plus tendre commisération, croyez-en ma parole...

— L'aveu... terrible... qu'elle va... me faire ?... — répéta M. Dubousquet, autant surpris qu'alarmé. — Grand Dieu !... vous savez donc... de quoi il s'agit ?... vous savez donc, monsieur... quel motif l'a conduite chez moi ?

— Oui, mais je vous le répète... ne la blâmez pas, cette malheureuse enfant... plaignez-la... et consolez-la... en l'assurant qu'elle peut compter sur nous...

Puis Wolfrang s'adressant à sa compagne et lui désignant d'un regard encore humide d'attendrissement et de vénération, le repris de justice, demeuré muet de stupeur et d'angoisse en songeant à ce terrible aveu qu'il attend de sa nièce, Wolfrang ajoute :

— Nous ne le connaissons que par l'un de ses actes, ce généreux martyr du dévouement fraternel ; mais quand tu sauras, Sylvia, quel trésor de tendresse, d'abnégation, de vaillance, de délicatesse exquise et d'adorable bonté, renferme cette âme céleste... quand tu sauras à quelle hauteur elle a, sans avoir conscience de sa grandeur, pu s'élever par le sacrifice... tu diras comme moi, selon notre croyance : « — Ils viennent, ils vivent » parmi les hommes... mais ils diffèrent des » hommes, ceux-là qui ainsi que LUI... sont » marqués de l'empreinte divine... »

Le forçat libéré alla rejoindre sa nièce après le départ de Wolfrang et de Sylvia. Celle-ci entra bientôt chez Antonine Jourdan, habitant au même étage que M. Dubousquet.

XXXV

Antonine Jourdan, encore sous l'impression des tragiques évènements de la veille, avait ce jour-là renoncé à aller, selon sa coutume, donner des leçons de musique.

Deux portraits, nous l'avons dit, ornaient le salon d'étude de la jeune artiste : le portrait de sa mère et le daguerréotype de son fiancé, Albert Gérard, portant l'uniforme des chasseurs d'Afrique.

Le daguerréotype a disparu.

Antonine Jourdan est agenouillée devant le portrait de sa mère, dans une attitude de pieux recueillement ; ses mains sont jointes avec ferveur, elle semble prier... les yeux attachés sur l'image maternelle, qu'elle invoque en sa pensée avec une expression de tendre et religieuse adoration.

Les traits d'Antonine, pâlis, fatigués par l'insomnie, sont calmes, graves, mais non pas abattus... ils respirent au contraire une sorte de sérénité mélancolique.

Soudain, le bruit de la sonnette de son appartement attirant l'attention de la jeune artiste, elle se lève, et en l'absence de sa femme de ménage, elle va elle-même ouvrir la porte. Elle demeure d'abord très étonnée à la vue de la compagne de Wolfrang, ne pouvant supposer le but de cette visite, qui lui paraît étrange, presque inexplicable en raison des funestes préventions que l'évènement de la veille devait laisser dans l'esprit des témoins de cet éclat scandaleux. Cependant elle adresse à la jeune femme une révérence polie, et l'introduit silencieusement dans son salon. A peine y sont-elles entrées toutes deux, que

Sylvia, ne pouvant retenir ses pleurs, et cédant à un mouvement d'irrésistible sympathie, embrasse la cantatrice avec effusion, lui disant d'une voix entrecoupée :

— Pauvre Antonine !... combien vous avez dû souffrir hier !...

Cette preuve de touchant intérêt, rendue plus affectueuse encore par cette douce familiarité qui supprimait le terme formuliste de mademoiselle, surprend et impressionne vivement la jeune artiste ; mais cependant rien en elle ne trahit la confusion que nous causent souvent les témoignages d'une bienveillance imméritée.

Non, Antonine ne baisse pas les yeux ; son regard loyal, assuré, cherche au contraire celui de la jeune femme et semble lui dire :

— Merci... vous m'avez bien jugée, malgré les apparences dont je suis accablée...

Ce regard aurait suffi à justifier Antonine, lors même que la veille Wolfrang, sans s'expliquer davantage, n'eût pas affirmé à sa compagne, que, non-seulement la jeune artiste était innocente, mais qu'elle aussi, de même que le repris de justice, accomplissait vaillamment un généreux sacrifice.

— Pauvre Antonine! — avait dit Sylvia, — combien vous avez dû souffrir hier!

— C'est vrai; mais vous me faites en ce moment oublier mes chagrins, madame...

— Madame?... Vous voulez donc m'obliger de nouveau à vous appeler à mon tour, mademoiselle?... Est-ce que l'on doit se traiter si cérémonieusement entre artistes, puisque, selon vous du moins, chère Antonine, je possède à peu près un talent d'artiste... En ce cas je revendique mes droits de bonne camaraderie...

— Ah! l'impression profonde que m'a causée votre chant me sera toujours présente... chère Sylvia... puisque vous me permettez de vous appeler ainsi; et, je vous l'avoue, j'en suis ravie... le mot madame m'eût paru glacial... Oui, j'ai pour vous une si vive sympathie... votre présence chez moi ce matin... après le scandale d'hier soir... prouve de votre part une si grande bonté de cœur, mais aussi tant de pénétration, que j'en suis confondue..

— En quoi suis-je donc si pénétrante?

— Si vous ajoutiez l'ombre de foi aux outrageants reproches qui m'ont été adressés hier soir, vous ne seriez pas ici à cette heure, chère Sylvia?

— Non, certes...

— Qui donc a pu vous convaincre que, malgré de fâcheuses apparences, je suis une honnête fille?

— Qui a pu me convaincre de cela?... Eh! mon Dieu! chère Antonine, c'est vous-même, c'est l'expression ouverte de votre physionomie, où j'ai lu tout de suite la droiture de votre âme; c'est la franchise que révèlent vos moindres paroles, c'est votre regard ferme et loyal, qui, en ce moment encore, s'attache sur le mien avec une si fière assurance... Est-ce que vous oseriez me regarder de la sorte, si vous n'étiez pas, comme vous le dites, une honnête fille?

— Il est vrai, Sylvia, mon embarras trahirait ma fausseté si je vous trompais...

— Eh bien! je vous le demande, sans transition, sans ménagement, et au risque de raviver une plaie saignante encore... Comment se fait-il que ce malheureux insensé... qui sans doute vous connaît depuis longtemps... qui doit apprécier votre valeur, puisqu'il vous aime... éperdûment... car un amour éperdu, s'il n'excuse pas, explique du moins ces emportements sauvages... Oui, je vous le demande, chère Antonine, comment ce malheureux insensé a-t-il pu vous croire un seul instant coupable d'une infamie?...

— C'est qu'Albert Gérard... c'est son nom... a les défauts de ses qualités... Il n'est pas de caractère plus noble, plus courageux, mais plus emporté que le sien... Quoique bien jeune encore, il compte des traits de bravoure héroïque, non pas seulement à la guerre, c'est son métier... mais il a arraché aux flammes des femmes et des enfants, il a arraché aux flots des gens qui se noyaient... Il se précipite dans le danger sans jamais calculer les périls... Son premier mouvement est toujours d'une impétuosité irréfléchie; aussi j'attribue le funeste éclat d'hier soir à cette fatale irréflexion, et surtout à des instincts jaloux, que rien n'autorise, mais qui sont invincibles..

— Je conçois la jalousie, lorsqu'elle a un motif... mais comment votre fiancé a-t-il pu se rendre l'écho d'une calomnie injuste... absurde?

— Non, ce n'était pas une calomnie... Sylvia.

— Que dites-vous ?

— Il est vrai, ainsi que je l'ai dit à Albert, qu'hier matin ayant reconduit jusqu'à ma porte un vieil ami à moi, que j'aime autant que je le révère... je l'ai embrassé en lui disant : « A demain. » Comment Albert a-t-il été instruit de cette circonstance ?... Je l'ignore, mais ces apparences ont suffi pour exaspérer sa jalousie naturelle, et j'ajouterai qu'elles auraient dû l'exaspérer, s'il ne me connaissait pas depuis mon enfance, s'il ne savait pas dans quels principes d'honneur j'ai été élevée par la meilleure, par la plus tendre des mères...

En disant ces mots, Antonine lève les yeux vers le portrait maternel.

Sylvia, remarquant alors cette peinture, la contemple, puis :

— Antonine, quelle douce et noble figure que celle de votre mère !

— Elle a été, elle est restée mon adoration, mon guide, mon soutien, mon culte, ma foi, ma religion, — répond la jeune fille d'un accent profondément pénétré. — Elle me conseille, elle m'encourage, elle me console, comme au temps où elle vivait. Oui, Sylvia, par un miracle d'adoration filiale, je vois ma mère encore me sourire... je l'entends me répondre lorsque je lui parle. Non, pour moi elle n'a jamais cessé d'exister, elle ne m'a jamais quittée... Sans cela... sa mort m'aurait tuée. Son corps a disparu... son âme, restée vivante, m'est toujours présente.

— Chère Antonine, je vous aimais, maintenant je vous admire... Oh ! oui, c'est quelque chose d'admirable que ce prodige d'adoration filiale qui dit à la mort avec sérénité : « Non, tu n'enlèveras pas ma mère...
» elle vit, elle vivra toujours et tout entière
» dans mon cœur, asile sacré où elle de-
» meure impérissable. »

— Sylvia, mon amie, ma sœur, — dit Antonine en prenant la main de la jeune femme et la contemplant avec un bonheur ineffable ; Combien je suis heureuse de me voir, de me sentir si bien comprise de vous, car au vulgaire... elle paraîtrait étrange, insensée ma foi, dans l'existence actuelle de ma mère, qui cependant, aux yeux de tous, n'existe plus.

— Votre surprise cessera, chère Antonine,

lorsque un jour vous saurez que, non plus que vous, je ne crois pas à la mort.

— Que voulez-vous dire ?

— L'on ne meurt point.

— Comment ?

— Nous sommes immortels, corps et âme, esprit et matière !

— De grâce, Sylvia, expliquez-vous.

— Nous reparlerons de cela... mais, je vous en prie, revenons à ce qui vous intéresse, à vos chagrins ; car enfin, ce pauvre fou qui était hier en proie au délire furieux de la jalousie... vous l'aimez ?

— Passionnément !... il a été... il sera l'unique amour de ma vie.

Et Antonine regardant fixement la jeune femme, reprend d'un ton grave, pénétré :

— Ce ne sont point là, Sylvia, je vous l'assure, des paroles de roman... Mon caractère enjoué est cependant très ferme : il est trois choses qu'en mon âme et conscience je peux affirmer : c'est que ma mère me sera toujours présente, c'est que je serai toujours une honnête femme, c'est que j'aimerai toujours Albert.

Et Antonine ajoute avec effusion :

— Je peux encore affirmer que votre amitié, Sylvia, me sera toujours chère... car je lui dois une sœur.

— Oui... la plus tendre... la plus dévouée des sœurs, croyez-le bien, Antonine; aussi votre sœur vous demande : Que comptez-vous faire maintenant, puisque Albert Gérard est... et sera l'unique amour de votre vie... et que, malgré sa folie furieuse d'hier soir... il est digne de votre amour ; vous ne l'aimeriez pas sans cela?

— Non... et savez-vous, Sylvia... ce qui rend presque mon amour sacré pour lui?... Savez-vous surtout pourquoi je l'aime tant?... C'est qu'il partageait mon idolâtrie pour ma mère !...

— Il l'a donc beaucoup connue ?

— Il a été presque élevé avec moi... il demeurait dans la même maison que nous, avec sa tante ; elle tenait un petit commerce de mercerie.

— Et son père... et sa mère ?...

— Albert est orphelin ; nous avons grandi ensemble ; il venait constamment chez ma mère, il l'adorait : « — Albert serait ton » frère, — me disait-elle souvent, — qu'il

» n'aurait pour moi ni plus de tendresse ni
» plus de respect... » — A quinze ans, j'ai
commencé mes études au Conservatoire. Albert, âgé de deux ans de plus que moi, est
entré dans une étude de notaire ; nous nous
sommes, à cette époque, promis de nous
marier. Nous nous voyions chaque jour ; sa
conduite était exemplaire, malgré l'ardeur
de son âge et l'impétuosité de son caractère ;
il était doux et rangé comme une fille ; la
conscription l'a atteint, sa tante était trop
pauvre pour le racheter ; ma mère était pauvre aussi, elle ne pouvait non plus faire ce
sacrifice, sinon elle l'eût fait de grand cœur,
car elle approuvait nos projets d'union.
Albert est parti pour l'armée, et nous nous
sommes promis qu'à l'expiration de son
temps de service, nous nous marierions.
Blessé légèrement en Afrique, il est venu
passer sa convalescence près de nous ; je l'ai
retrouvé tel qu'avant son départ, aussi bon,
aussi tendre, aussi aimant ; seulement j'ai
remarqué en lui une propension croissante
à la jalousie : il s'inquiétait, il s'alarmait
presque de me voir aller seule chanter dans
les salons, ou sortir seule pour donner mes

leçons ; aussi fut-il convenu qu'à l'expiration de son temps de service, il demanderait une concession de territoire en Algérie. Certain de l'obtenir, car ses états de service sont excellents, la petite dot que je me suis amassée servirait à mettre en valeur les terrains concédés. Nous irions en Afrique, Albert et moi, mener la vie paisible et retirée des colons. Cet avenir m'enchantait, parce qu'il convenait à Albert, et parce que j'ai peu de goût pour le monde... Tels étaient nos projets. Nos espérances devaient bientôt se réaliser, puisque Albert sera libéré du service dans cinq mois ; aussi, en le voyant venir hier à l'improviste, ma première pensée a été qu'ayant obtenu son congé définitif, il m'avait ménagé la surprise de cette heureuse nouvelle... car j'ignorais son retour, et...

La femme de ménage d'Antonine entre en ce moment d'un air grave et compassé, tenant une lettre à la main :

— Est-ce que vous avez été indisposée... ma bonne madame Pigal? — dit avec bienveillance la jeune artiste à la femme de ménage ; — vous n'êtes pas venue ce matin?

— Non, mademoiselle, je n'étais pas in-

disposée, répond sèchement madame Pigal.
— Je suis venue à sept heures du matin... comme à l'ordinaire... mais je m'en suis retournée aussitôt.

— Pourquoi cela?

— Parce que j'ai rencontré à la porte M. Bachelard... le garçon de boutique du libraire...

— Eh bien... ensuite?...

— Eh bien, mademoiselle... M. Bachelard m'a appris sur votre compte des choses... ah! mais des choses...

— Quelle choses? — demande Antonine. Achevez... je vous prie.

La jeune artiste, se tournant alors vers Sylvia, lui dit avec un demi-sourire :

— Pardon, mon amie, je désire entendre la révélation si terrible que cette bonne madame Pigal ose à peine articuler...

— Non, mademoiselle!... j'aurai moins de front que vous! et je ne les répéterai pas, ces vilaines choses-là, — s'écrie la femme de ménage, révoltée du sang-froid d'Antonine ; — mais en apprenant ce qui s'est passé... j'ai couru chez mon mari lui demander si je pouvais continuer de faire votre ménage.

— Ah! ah! voilà qui prouve une louable déférence pour les volontés de M. Pigal, — dit Antonine souriant. — Et qu'a-t il répondu?

— Il m'a défendu de rester un jour de plus ici... et je viens...

— Il suffit, — reprend Antonine, — je chercherai quelqu'un qui vous remplace.

Et la jeune fille ajouta, en priant du regard Sylvia de garder le silence, car elle paraissait outrée de l'impertinence de la femme de ménage :

— Je regrette vos services, car vous êtes une bonne et digne femme, madame Pigal... Qu'est-ce que cette lettre... que vous tenez là?... Est-elle pour moi ?

— Oui, mademoiselle... Le soldat qui vient de me la remettre attend une réponse à la porte, — reprend la femme de ménage donnant la lettre à Antonine.

Celle-ci prend vivement la lettre et pâlit légèrement, tandis que madame Pigal continue ainsi :

— Je ne me serais pas chargée d'une pareille commission, si ce soldat... ne m'avait suppliée en pleurant de vous remettre la lettre... car il m'a fait grand'pitié, ce pauvre jeune homme!...

Pendant cette réflexion de madame Pigal, la jeune artiste a lu le billet ; un radieux espoir illumine ses traits, et elle tend la lettre à Sylvia, en lui disant, sans retenir une larme d'attendrissement :

— Lisez... mon amie... ma sœur... Lisez, et partagez mon bonheur.

Sylvia parcourt rapidement la missive, pendant que madame Pigal, honnête, très honnête d'ailleurs, son scrupule le prouvait, se disait à part soi, contemplant Antonine avec un mépris douloureux :

— Et penser... qu'ainsi que me l'a raconté M. Bachelard, cette malheureuse reçoit des bienfaits... de ce vieux militaire qui vient si souvent la voir... sans parler du jeune qui lui a fait hier soir une scène de jalousie effroyable, devant tout le monde! Et elle ne rougit pas devant moi, l'effrontée! elle a un vieux et un jeune, et elle a l'air de trouver ça tout simple! Est-il possible!... On lui aurait pourtant donné le bon Dieu sans confession...! Je me serais jetée au feu pour elle... tant je la croyais bonne et vertueuse !

— Ah! cette lettre navrante... doit l'excuser à vos yeux, — dit à demi-voix Sylvia à Antonine. — Il faut le recevoir... lui pardonner... je vous laisse et reviendrai savoir...

— Sylvia, — dit vivement Antonine, prenant la jeune femme par la main au moment où elle se levait, — donnez-moi une preuve de votre amitié.

— De grand cœur... Laquelle?...

— Restez...

— Quoi... vous voulez?...

— ... Que vous assistiez à mon premier entretien avec Albert, après cette pénible soirée, chère Sylvia...

— Mais...

— Je vous en prie, ne me refusez pas, — je veux que vous connaissiez Albert... je veux vous convaincre ainsi qu'il est aussi digne de mon amour... que je suis digne de votre amitié.

— Antonine... n'est-il pas indiscret de ma part... de...

— Cet entretien ne vous apprendra rien

que vous ne sachiez déjà... je vous ai tout dit... Puis Albert ne doit-il pas aussi vous offrir ses excuses... au sujet du scandale qu'il a causé hier soir chez vous ?...

Et Antonine ajoute avec un charmant sourire :

— Enfin, excusez mon orgueil... je suis fière de montrer à Albert... que j'ai su conquérir une amie telle que vous...

— Soit... je reste, chère Antonine...

— Priez monsieur Albert Gérard d'entrer, ma bonne madame Pigal, — dit presque gaiement la jeune artiste, — et vous voudrez bien m'attendre, afin que nous réglions notre compte... si vous persistez toujours, ce que je ne veux pas croire... à me quitter... pour cause d'indignité... bon Dieu ! selon l'ordre impitoyable du rigide M. Pigal !

— Et elle ose plaisanter, la malheureuse ! s'écrie en sortant la bonne femme indignée.

Bientôt Albert Gérard entre dans le salon d'Antonine.

XXXVI

Albert Gérard croyant trouver sa fiancée seule, ne peut cacher sa surprise à l'aspect de Sylvia : il est pâle, défait, et semble profondément abattu.

Le jeune homme, si effrayant la veille dans ses sauvages emportements de jalousie, est presque méconnaissable ; ses traits, malgré leur caractère énergique et passionné, expriment alors la mansuétude, la résignation et la souffrance. Interdit, il s'arrête au seuil de la porte, osant à peine lever les yeux sur les deux amies.

Antonine se lève, va prendre son fiancé par la main, le conduit et il la suit machinalement jusque devant Sylvia ; puis d'une voix touchante :

— Albert... il faut d'abord que je vous présente à madame Wolfrang... mon amie... ma meilleure amie... Elle vous pardonne le scandale que vous avez hier soir... causé dans son salon... car c'est chez elle que je chantais...

— Ah ! madame ! — balbutie le sous-officier écrasé de confusion, — je suis désespéré... de ce qui s'est passé... Que d'excuses !...

— Ces excuses, Antonine me les a faites, monsieur... et je les ai de grand cœur acceptées... ne parlons plus de cet évènement, il est, je vous l'assure, en ce qui me concerne... oublié... votre lettre nous a profondément émues toutes deux.

Et Sylvia répondant à un geste de surprise d'Albert, ajoute :

— Ce billet, Antonine m'a permis de le

lire... elle m'a dit combien elle vous aimait, combien vous vous étiez toujours montré digne de son amour... et lorsque par discrétion... je désirais la laisser seule avec vous : « Non, — m'a-t-elle dit, et je vous rapporte » ses paroles, — non, je désire que vous » connaisiez Albert... je veux que vous sa» chiez qu'il est aussi digne de moi que je » suis digne de lui... Enfin... a ajouté Anto» nine... et pourquoi ne le dirais-je pas ? — » — continue Sylvia.— je suis fière de montrer » à mon fiancé que j'ai su conquérir une » amie telle que vous. » — De cette amitié, Antonine doit en effet être fière... monsieur... car ce qui la lui a conquise et méritée, c'est la noble franchise de son caractère... c'est la loyauté, la droiture de son cœur... enfin c'est sa vertu, monsieur !

Ces derniers mots : *Sa vertu*, accentués d'une voix ferme et haute par Sylvia, étaient une allusion trop positive aux soupçons injustes manifestés la veille par le jeune homme à l'égard d'Antonine, pour que celui-ci ne sentît pas la portée de ces paroles, et la nécessité d'y répondre ; il se recueillit un instant, et se tournant vers Sylvia :

— Madame, voici toute la vérité... je bénis le hasard qui vous a amenée ici... car vous faire à vous, madame, cet aveu accablant et déshonorant pour moi, me semble moins pénible... que si je devais l'adresser directement à Antonine.

— Allons, courage, monsieur !...— dit Sylvia d'un ton bienveillant, — ma digne amie n'entendra de cet aveu que ce qui peut vous être favorable... le reste sera pour elle non avenu...

— J'avais, madame, obtenu un congé jusqu'à l'expiration de mon temps de service : j'étais ainsi à peu près libéré. Voulant ménager une surprise à Antonine, je ne lui écris rien de ce congé ; j'arrive à Paris, j'accours ici hier soir... j'allais m'adresser au concierge afin de savoir si Antonine était chez elle, lorsque je rencontre sous la porte cochère un jeune homme qui s'empresse de me dire qu'il est de la maison, et offre de me donner les renseignements que je cherche peut-être... Je lui demande simplement si mademoiselle Antonine Jourdan est chez elle... A ce nom il me regarde attentivement, sourit d'un air étrange, me répond que cette demoiselle est absente, ayant été invitée à passer la soirée chez le maître de la maison, et ajoute d'un air mystérieux : — « Si vous le voulez... je » peux vous confier beaucoup de choses très » particulières sur notre belle et jeune loca- » taire, et, entre autres certaine aventure » arrivée ce matin, et qui ne peut manquer » de vous intéresser, ne fût-ce que par esprit » de corps, car il s'agit d'un militaire. » — Je l'avoue à ma honte, au lieu de tourner le dos à ce bavard... je me sens... je ne sais pourquoi... vaguement inquiet... je cède à une misérable curiosité... j'écoute... et j'apprends...

Mais, pâlissant encore à ce souvenir et à celui de la terrible scène de la veille, le sous-officier est tellement ému, que sa voix expire sur ses lèvres.

Sylvia, non moins apitoyée qu'Antonine, veut épargner à Albert la douleur d'achever cette cruelle confession, et ajoute :

— ... Vous apprenez, monsieur, une calomnie infâme; et sans même réfléchir que l'infamie de ce soupçon renfermait la meilleure preuve de son absurdité, l'impétuosit naturelle de votre caractère vous emporte.

une jalousie insensée trouble votre esprit, votre raison s'égare... vous devenez fou... si complètement fou... qu'après avoir adressé à Antonine le plus sanglant outrage qui puisse être fait à une honnête femme... vous voulez la tuer.

— Ah! malheur à moi! — murmure Albert Gérard, frissonnant et cachant son visage entre ses mains. — Honte et malheur à moi!...

— Non, — répond Antonine d'une voix miséricordieuse et tendre; — à vous indulgence, pardon et bonheur, mon ami...

Et la jeune artiste, prenant alors l'une des mains de son fiancé, l'oblige ainsi par un doux mouvement à démasquer son visage, puis :

— Sylvia l'a dit... pauvre Albert, hier soir... vous étiez fou... vous n'aviez plus conscience de vos paroles... de vos actes... oubliez ce funeste rêve, ainsi que je l'oublie moi-même...

— Ah! comment oublier jamais... qu'à la face de tous... et sans presque vous donner le temps de me répondre... de me convaincre de la fausseté de ces terribles apparences...

je vous ai accusée... vous, Antonine... vous... grand Dieu!... d'avoir,.. été...

— Franchement, Albert, — reprend la jeune artiste avec une affectueuse dignité, interrompant le sous-officier, — est-ce qu'une pareille accusation... lors même que, par impossible, vous l'auriez de sangfroid portée contre moi, pouvait m'atteindre?.... C'est vous, pauvre aveuglé, qu'elle eût avili... Mais, de grâce, laissons là ces suppositions indignes de vous, de moi et de l'amie qui nous écoute... et puisque tout est oublié, témoignons-lui notre reconnaissance pour l'intérêt qu'elle nous porte, en la rendant heureuse de notre bonheur... Elle sait nos projets... rien ne s'oppose plus maintenant à ce qu'ils se réalisent; vous êtes, grâce à votre congé, libéré du service... Il reste à savoir ce qu'il adviendra de la concession de terrain en Algérie... L'avez-vous obtenue?

— Pas encore... — répond Albert; — mais prochainement elle me sera accordée, j'en ai la promesse formelle de mon colonel.

Albert Gérard a prononcé ces mots d'un air embarrassé, en pâlissant davantage; ses traits, malgré les indulgentes et tendres assurances de sa fiancée, loin de se rasséréner, révèlent une contrainte, une angoisse croissante, jusqu'alors inaperçue d'Antonine.

Sylvia, plus clairvoyante est saisie d'un doute soudain dont elle est effrayée. Voulant à tout prix l'éclaircir, elle examine attentivement les traits du sous-officier, dont le regard est baissé, et elle reprend, en s'effor- de sourire malgré ses perplexités :

— Chère Antonine... vous allez me reprocher sans doute de brusquer un peu les choses... mais voici mon excuse... Wolfrang et moi nous sommes des oiseaux voyageurs... Il est possible qu'avant peu nous quittions Paris... mais je tiens tant à être témoin de votre bonheur... que je retarderai notre départ jusqu'à l'époque de votre mariage... Quand aura-t-il lieu?...

— Chère Sylvia, — répond gaiement Antonine, — je suis trop franche pour ne pas répondre... contrairement aux lois de la bienséance, obligatoire pour toute demoiselle bien élevée... que je désirerais que notre mariage eût lieu le plus tôt possible... mais c'est à mon futur seigneur et maître de décider cette question... Donc, qu'il réponde...

La jeune artiste, regardant alors Albert, commence à remarquer le silence pénible, les traits de plus en plus soucieux et assombris de son fiancé ; aussi reprend-elle étonnée, mais sans pourtant concevoir encore d'inquiétude :

— Quoi ! mon ami, seriez-vous toujours sous l'impression de ces pénibles souvenirs que nous devons oublier... oubli dont je vous donne l'exemple ?...

— Ces souvenirs, — répond Albert avec effort et d'une voix altérée, — ces souvenirs... je les oublierai... Antonine... après un mot d'explication... que je viens vous demander, que je vous supplie, les mains jointes... de m'accorder... au nom de notre bonheur à venir...

Et la physionomie du sous-officier a pris soudain une expression si douloureuse, que les soupçons de Sylvia se confirment à mesure que s'éveillent ceux d'Antonine.

XXXVII.

Cette demande d'*explication*, implorée à mains jointes par Albert Gérard, au nom de l'avenir de son bonheur et de celui d'Antonine, la surprit d'abord extrêmement, et ensuite l'affligea et lui causa de vives alarmes.

La lettre du sous-officier témoignait seulement, il est vrai, de son profond repentir du scandale de la veille, et il venait d'exprimer de nouveau ses remords à ce sujet.

Antonine, faisant généreusement la part de l'aveugle emportement du caractère de son fiancé, et pensant sincèrement qu'il se trouvait en proie à un accès de folle et furieuse jalousie, lorsque la veille il lui jetait en présence d'étrangers ce reproche abominable : — « Vous vous êtes vendue à un vieillard ; » Antonine, autant par miséricorde et par tendresse, que par dignité de soi, avait dédaigné, pardonné, oublié cet outrage ; elle ne songeait plus qu'à ces riants projets d'avenir, caressés si longtemps, et à l'heure de s'accomplir... Enfin Sylvia prononçait ces paroles décisives : — A quand le mariage ?... — Antonine, fidèle à sa franchise accoutumée, avouait en souriant que ce mariage, elle le hâtait de tous ses vœux ; et Albert, d'abord silencieux, contraint et sombre, demandait d'une voix atterrée : *une explication*, au lieu de tomber aux genoux d'Antonine, enivré de reconnaissance, de foi et d'amour, et de fixer le terme prochain de leur union.

Ces réflexions, à mesure qu'elles se présentaient à l'esprit de la jeune artiste, lui semblaient de plus en plus inquiétantes. Sa dignité, sa conscience irréprochable lui

avaient inspiré une pitié douloureuse envers
l'insensé qui l'accusait d'une infamie où le
ridicule le disputait à l'odieux pour qui connaissait
Antonine. Aussi sa fierté, quelque
passionné que fût son amour pour son fiancé,
ne pouvait, ne devait pardonner ou excuser
une pareille insulte reitérée de sangfroid.
Mais bientôt rassurée à ce sujet, croyant Albert
incapable d'une telle aberration d'esprit,
elle se demandait néanmoins quel pouvait
être alors le but de cette explication. Aussi se
contenant, reprit-elle d'une voix grave et
douce :

— Je croyais, mon ami, d'après votre lettre
et en suite de notre entretien, toute explication
superflue. Il n'en est pas ainsi... je
le regrette... et je suis prête à vous répondre
en présence de notre amie.

— Moi aussi, — répond Albert, je désire
vivement que cette explication ait lieu en présence
de madame qui veut bien nous porter
tant d'intérêt.

Le sous-officier se recueille alors un instant,
et reprend :

— Je crains, Antonine, que vous vous
soyez méprise sur le sens de ma lettre, écrite

dans l'effervescence de la douleur et du repentir.

— Permettez, monsieur, dit Sylvia, — le sens de cette lettre ne prêtait à aucune méprise... non plus que vos récents témoignages de regrets au sujet du passé.

Mes regrets... mes remords... sont sincères, madame, et c'est parce qu'ils sont sincères... navrants, c'est parce que je me reprocherais toujours... quoiqu'elle m'ait pardonné... d'avoir hier, dans l'emportement d'une jalousie aveugle, accusé Antonine d'un acte infâme, sans presque lui donner le temps de justifier les funestes apparences qui pesaient sur elle, que je la conjure, à cette heure... où de sangfroid je puis l'entendre... de me prouver... combien ces apparences étaient trompeuses.

A ces mots qui ne lui laissent plus aucun doute sur la pensée d'Albert, Antonine tressaille, reste silencieuse et jette un regard où se révèle le douloureux ressentiment de son cœur et de sa fierté blessée.

— Comment, monsieur, — s'écrie Sylvia, — vous n'êtes pas convaincu de l'innocence d'Antonine?

— J'en suis convaincu, madame, si j'en crois mon amour... mon respect pour Antonine... et cependant malgré moi, un soupçon me reste... et quelques mots d'elle... quelques mots seulement... peuvent à jamais détruire ce soupçon.

— Mais, monsieur, — reprend Sylvia, — la persistance de ce doute est un outrage pour celle-là qui n'a jamais... entendez-vous bien... jamais démérité de votre estime.

— Ah! madame, — dit Albert avec un accent de sincérité irrésistible, — croyez-moi... lorsque je conjure Antonine de m'accorder cette explication au nom de notre bonheur commun, loin de songer à l'outrager... j'agis en honnête homme... Quelle serait notre vie, grand Dieu! si, unis l'un à l'autre, elle devait être empoisonnée par un doute absurde, indigne, odieux, je l'avoue... mais que je n'aurais peut-être pas le courage de vaincre!... Hélas! je ne serais pas le seul malheureux! Antonine souffrirait encore plus que moi de mon injustice à son égard... notre existence deviendrait un enfer; je connais la jalousie, la violence de mon caractère... Ah! je vous le répète, croyez-moi, madame... croyez-moi, Antonine... moins honnête homme, je n'écouterais que la voix égoïste de la passion, je sacrifierais tout à l'accomplissement d'un mariage rêvé par nous depuis notre adolescence, attendu par moi avec la fiévreuse ardeur d'un amour constant... je céderais à son ivresse, sans souci de l'avenir... mais, plus tard, les soupçons un moment oubliés, reviendraient malgré mo m'assaillir, et je rendrais ma femme à jamais malheureuse !... Dites, madame... dites... suis-je donc si coupable de conjurer Antonine de détruire dès à présent et à jamais ce germe de malheur... et pour cela, que faut-il? quelques paroles d'elle... qui mettront terme au supplice que j'endure depuis hier.

Le caractère jaloux et violent d'Albert accepté, il parlait et agissait évidemment en honnête homme ; il aimait ardemment sa fiancée, il dépendait de lui de paraître convaincu de la vanité de ses soupçons, de la posséder par le mariage, et, sa passion satisfaite, de rendre sa femme victime de ce doute, d'abord hypocritement dissimulé.

Soupçon encore plus absurde qu'odieux, on l'a dit ; soupçon que devait démentir, en tout et pour tout, le caractère d'Antonine, connu, apprécié et estimé depuis tant d'années par son fiancé ; soupçon dont la seule pensée était une insulte à cette pure et loyale jeune fille.

Soit, mais parce qu'elle est ancienne comme le monde, cette vérité n'en est pas moins flagrante :

« La jalousie ne raisonne point ; la jalousie est aveugle. »

Or, les esprits les plus clairvoyants, les plus droits, les plus généreux, sont frappés de cécité, sont atteints de déraison lorsqu'ils subissent l'obsession de cet impitoyable sentiment.

Sylvia est touchée de ce qu'il y avait de sage, de tendrement prévoyant dans l'abnégation d'Albert, qui pouvait, par une feinte conviction, posséder la femme qu'il adorait, et préférait lui avouer franchement la persistance d'un doute dont il rougissait, la conjurant de le détruire par quelques paroles... Aussi la jeune femme s'adressant à son amie, lui dit en souriant :

— Allons, chère Antonine, soyez compatissante jusqu'à la fin... Ayez pitié de ce dernier et faible accès d'une maladie dont quelques paroles de vous vont à jamais guérir ce jaloux. En ceci, d'ailleurs, son insistance aura eu cet avantage... qu'elle lui attirera une leçon dont il saura, espérons-le, profiter à l'avenir... Allons, chère sœur, puisqu'il vous faut prouver à monsieur que le bien n'est pas le mal... que la nuit est habituellement obscure... et que le soleil a coutume de resplendir, résignez-vous... persuadez votre fiancé de l'étonnante réalité de ces phénomènes incroyables... dont, à l'honneur éternel de sa perspicacité, M. de La Palisse avait eu jadis l'intuition... Excusez ce manque de gravité, Antonine, car vraiment, après réflexion, il y a moins à se chagriner qu'à sourire de tout ceci...

Et Sylvia reprend sérieusement en s'adressant au jeune homme :

— Je reconnais d'ailleurs que, dans votre aberration regrettable, monsieur, vous faites preuve du moins de délicatesse et de loyauté...

— Ah! madame... si vous saviez ce que j'endure!... Avoir conscience que ce doute de ma part doit être odieux... insensé, outrageant... et cependant ne pouvoir échapper à son obsession... Antonine... pardon... pardon... rendez-moi à la raison... à la vérité, je vous aurai dû deux fois le bonheur de ma vie...

— Je suis prête à répondre à vos questions, Albert... si vous voulez m'en adresser, — dit Antonine d'une voix calme et grave. — Je vous écoute.

— Hier matin... — articula péniblement le sous-officier, car ces mots semblaient brûler ses lèvres, — vous avez reconduit jusqu'à la porte de votre appartement... un homme...

— C'est vrai... et cet homme... est le meilleur de mes amis...

Puis Antonine voyant Albert hésiter à continuer ce pénible interrogatoire, elle ajoute, en regardant bien en face et sans l'ombre d'embarras, son fiancé :

— Et de plus... ce vieil ami m'a embrassée... en me disant adieu...

— ... Vous avez ajouté, Antonine, à demain, *tu* me le promets...

— Oui... je lui ai dit cela...

Un moment de silence succède à cette réponse.

Albert reste confondu de l'assurance du

regard et de la placidité de la physionomie de sa fiancée, en faisant l'aveu qu'il vient d'entendre.

Sylvia elle-même éprouve un léger mouvement de surprise, car la veille, au milieu de l'émotion produite par la brusque apparition du sous-officier et par ses emportements, la jeune femme avait à peine entendu (sauf cette abominable accusation : — « Vous vous êtes vendue à ce vieillard) » quelques paroles rapidement échangées entre les deux fiancés ; aussi s'étonnait-elle un peu de voir Antonine avouer avec tant de confiance et de sérénité, qu'elle tutoyait ce personnage qui l'avait embrassée.

— Antonine, je serais désolé de vous blesser... mais je dois vous parler en toute sincérité... — reprend le sous-officier dont la pâleur augmente... — ne pensez-vous pas, qu'en apparence, du moins... je dis, en apparence... une pareille familiarité, envers un étranger... est au moins... bien singulière ?

— M. le colonel Germain... c'est son nom, n'est pas un étranger pour moi... il est mon meilleur ami : je vous l'ai dit, Albert...

— Cependant je ne l'ai jamais vu chez votre mère !...

— Il est vrai...

— Votre amitié pour lui est donc récente ?

— Elle date de trois ans bientôt, Albert...

— C'est l'époque de la mort de votre mère, et de mon dernier congé... pourtant vous ne m'avez jamais, en ce temps-là, parlé du colonel Germain !

— Parce que je ne l'ai connu qu'après votre départ, lorsque vous êtes allé rejoindre votre régiment.

— Me permettez-vous, Antonine, une observation ?

— Sans doute...

— Nous nous écrivions souvent... presque chaque jour... Comment se fait-il... (peut-être m'étonné-je à tort, en ce cas, je vous en prie, pardonnez-moi)... comment se fait-il que, dans vos lettres, vous ne m'ayez jamais parlé du colonel Germain ?

— Parce que, lorsque je vous écris, mon ami, j'aime mieux vous parler de vous... que d'autrui...

— Cette réponse, Antonine, est aussi gracieuse que tendre... cependant...

— Elle est vraie... Interrogez vos souvenirs, et, sauf le nom de ma mère, répété presque autant que le vôtre... vous reconnaîtrez que, dans ma correspondance, je ne vous ai jamais parlé d'une personne étrangère...

— Je l'avoue... Pourtant n'était-ce pas, permettez-moi de vous le dire, n'était-ce pas un fait très exceptionnel que cette liaison d'amitié... si intime... si étroite... si familièrement affectueuse, que vous en êtes venue à tutoyer... le colonel Germain?... Ne pouviez-vous pas m'apprendre les causes, les circonstances, sans doute très exceptionnelles aussi, qui ont amené cette liaison?... car enfin... je le demande à madame, — ajoute Albert d'une voix contenue, s'adressant à Sylvia jusqu'alors attentive et silencieuse; — une pareille liaison ne semble-t-elle pas, en apparence du moins, presque... incompréhensible?

— En apparence... soit, — répond Sylvia; — mais vous oubliez, monsieur, que, d'abord, l'âge du colonel Germain, et ensuite les circonstances particulières qui ont dû amener sa liaison avec notre chère Antonine, autorisent légitimement une familiarité qui vous semble incompréhensible?...

— Vous avez raison, madame, et, je n'en doute pas, lorsque Antonine m'aura instruit de ces circonstances si particulières... je reconnaîtrai, j'en suis certain, que rien n'est plus naturel que l'intimité de ma fiancée avec le colonel Germain... Aussi je vous le demande en grâce, Antonine... dites-moi comment vous l'avez connu... pour quels motifs la...

— Mon ami... — reprend Antonine, interrompant le jeune homme, et attachant sur lui son regard loyal, mais profondément attristé, — vous me connaissez dès l'enfance... ai-je jamais menti ?

— Oh ! jamais...

— Me croyez-vous capable... et pesez bien mes paroles... elles sont graves, — ajoute Antonine d'une voix presque solennelle, — me croyez-vous capable d'un mensonge... même lorsqu'il s'agirait des plus chers intérêts de ma vie ?

— Non... non... je sais quelle est votre franchise, Antonine.

— Eh bien ! mon ami... ne m'interrogez pas sur les circonstances qui ont amené mon intimité avec le colonel Germain...

— Pourquoi ne vous interrogerais-je pas... à ce sujet... Antonine? — balbutia Albert d'une voix palpitante d'angoisse, — refuseriez-vous... grand Dieu!... de me répondre?

— Oui...

— Qu'entends-je, Antonine!...

— Je refuserais, je refuse, je refuserai toujours de vous répondre à ce sujet... Albert... ne l'oubliez jamais...

— Et... la cause de ce refus?...

— C'est que, ne pouvant vous dire la vérité, je serais obligée de mentir...

— Ah! madame... madame... vous l'entendez!...

Ces paroles sont exclamées par Albert Gérard avec un accent désespéré; des larmes baignent son mâle visage; il tombe accablé sur un fauteuil.

L'innocence d'Antonine n'est pas mise en doute par Sylvia... parce qu'elle a une foi absolue dans les affirmations de Wolfrang à ce sujet, et parce que tout lui dit que la jeune artiste est sincère... Néanmoins, sa réponse à son fiancé cause à Sylvia un si pénible étonnement, qu'elle ne peut le dissimuler, non qu'elle soupçonne Antonine d'être coupable, mais il lui semble incompréhensible qu'elle refuse d'expliquer la cause de sa familiarité, de sa liaison avec le colonel Germain.

Antonine, se méprenant à l'expression de la physionomie de son amie, se dit avec une amertume navrante :

— Elle aussi... doute de moi ! — Et, tournant ses yeux éplorés vers l'image maternelle, comme si elle lui eût demandé assistance, courage et consolation, elle murmure :

— O ma mère !... ma mère !...

XXXVIII

Sylvia, en suite de quelques moments de réflexion, fut obligée de reconnaître avec douleur que l'homme le moins jaloux, le plus confiant, se fût justement inquiété ou alarmé à cette pensée, que sa fiancée tutoyait un étranger, se laissait embrasser par lui, et surtout se refusait opiniâtrement à jamais expliquer la cause de ces familiarités si compromettantes, quel que fût l'âge de cet étranger. Aussi, combien s'accroissaient les cruelles appréhensions de Sylvia, en songeant que le fiancé d'Antonine subissait l'obsession d'une jalousie invincible !

Ce malheureux, en ce moment, la figure cachée par son mouchoir, pleurait comme un enfant... Les larmes de ce soldat, d'un caractère violent et de bravoure intrépide, étaient navrantes... Elles prouvaient la sincérité de son amour pour Antonine, et que cet amour, malgré, ou à cause même de sa jalousie, hélas ! trop justifiée en apparence, le rendait digne de la tendresse de sa fiancée... dont il était adoré...

L'effroi de Sylvia augmentait à chaque instant ; la persistance d'Antonine dans ses refus d'expliquer son intimité avec le colonel Germain, pouvait amener entre les deux fiancés une rupture éternelle, et Antonine avait dit : « Cet amour sera l'unique amour de ma vie. »

— Sylvia la croyait... et devait la croire...

La jeune artiste semblait non moins désespérée qu'Albert Gérard, quoiqu'elle se montrât plus contenue dans sa douleur, car après le long regard jeté sur le portrait de sa mère, dont elle paraissait invoquer l'assistance en ce moment si grave, elle essuya ses pleurs, se raffermit, redressa le front, et quoiqu'un sourire poignant contractât ses lèvres, son pâle et doux visage, son regard, son attitude, révélaient une telle sérénité de conscience que Sylvia s'écria, s'adressant à Albert :

— Mais, regardez-la donc, monsieur, et vous tomberez à ses genoux en lui demandant pardon, comme je le lui demande moi-même d'avoir un instant, non pas douté de son innocence... grand Dieu !... mais !...

— Ah ! Sylvia... merci... merci ! — s'écrie Antonine avec effusion, en pressant entre les siennes les mains de son amie. — Un moment je me suis cru méconnue de vous, et je souffrais cruellement !

— Non, non, jamais je n'ai douté de vous, mon amie, ma sœur ; mais tout à l'heure, je l'avoue, votre refus de répondre à votre fiancé m'a causé un moment de pénible surprise. Maintenant tout me dit qu'une raison impérieuse, invincible, vous force à vous taire à ce sujet... et que cette raison ne peut être... ne doit être qu'honorable...

— Ah ! l'instinct généreux de votre cœur ne vous trompe pas, *vous !*

Au moment où Antonine prononce ces paroles d'un ton déchirant, Albert Gérard, pâle, le visage ruisselant de larmes, témoignant de la lutte acharnée de ses soupçons contre son estime pour sa fiancée, se jette à ses genoux, les mains jointes, balbutie d'une voix suppliante, entrecoupée par les sanglots :

—Antonine, moi aussi... je crois en vous... j'ai confiance en vous, je vous sais incapable de mentir, de me tromper... Votre visage, votre regard, tout me dit que vous êtes innocente... oui, je le jure par la mémoire de votre mère, aussi sacrée pour moi que si elle eût été la mienne... oui, je vous crois innocente à cette heure !

— Soyez béni, mon Dieu ! — s'écrie Sylvia, échangeant avec Antonine un regard ineffable, pendant qu'Albert, sans s'arrêter à l'exclamation de la jeune femme, poursuit d'une voix pleine d'angoisse :

—... Oui... je le jure, je vous crois innocente à cette heure... mais malheur à moi !... cette... impression ne durera pas... je me connais... mes doutes se renouvelleront plus tard. Je sais, hélas !... l'infernale obsession de ma jalousie.

Et le jeune homme s'adressant à Sylvia :

— Ah ! madame, je ne lui ai jamais dit tout ce que j'ai souffert loin d'elle, en pensant qu'elle allait seule dans un monde brillant, qui l'entourait d'hommages, lorsque je pensais qu'elle vivait seule ou qu'elle sortait seule... pour donner ses leçons... J'avais tort de souffrir ainsi... c'était honteux... c'était stupide... mais c'est horrible, voyez-vous, madame, ce que je souffrais...

Albert Gérard, suffoqué par ses sanglots, s'interrompt un instant, et se tournant vers sa fiancée :

— Et cependant alors, je ne vous soupçonnais pas, Antonine, je me révoltais à tort, j'en conviens, contre la nécessité de votre position d'artiste; je l'avoue encore, cette opiniâtre jalousie m'a inspiré ce projet, accepté par vous, d'aller en Algérie vivre de la vie paisible et solitaire du colon... Antonine, je vous le répète... en ce moment, oui, je vous crois innocente... mais demain... mais dans une heure... mes soupçons reviendront plus affreux que jamais...

Et le sous-officier interpellant de nouveau Sylvia :

—Vous-même, madame, vous avez éprouvé, vous l'avez dit, un moment de pénible surprise en entendant Antonine refuser de me répondre au sujet de cet homme... qui... la tutoie... qui l'embrasse... misère de Dieu !... cet homme... je le...

Le soldat n'achève pas ; il devient livide, effrayant et bondissant pour ainsi dire sur lui-même, il se redresse d'agenouillé qu'il était, et jette autour de lui des yeux presque égarés, étincelants d'une jalousie si féroce, qu'Antonine, frissonnant d'épouvante, saisit le jeune homme par le bras en balbutiant :

— Mon ami... au nom du ciel !... revenez à vous...

Albert Gérard porte ses mains crispées sur son front baigné d'une sueur froide, garde un moment le silence, puis d'une voix brisée par la douleur :

— Pardon, Antonine... pardon, madame, je ne sais plus ce que je disais... j'étais fou de rage.

Albert Gérard garde un instant le silence, puis s'adressant à sa fiancée d'un ton suppliant, dont la douceur touchante contraste avec ses derniers emportements :

— Antonine, ayez pitié de moi !... soyez indulgente, soyez généreuse... ne me refusez pas cette explication... qui, à l'instant, changerait en joie... en confiance pour le présent et pour l'avenir, les tortures de la jalousie... Antonine, je vous en conjure... au nom de votre mère qui a béni notre amour, ne me poussez pas au désespoir... faites la part de ce qu'il y a d'indomptable... d'emporté dans mon caractère...

Antonine se recueille, et d'une voix douce, mais ferme, annonçant une résolution inflexible :

— Écoutez-moi, mon ami, cette discussion a trop duré, terminons-la... Vous me conjurez de faire la part de ce qu'il y a d'indomptable, d'emporté dans votre caractère... cette part, je l'ai faite... Vous m'avez accusée... en public... de m'être vendue... à un homme... vous avez voulu me tuer...

— Ah ! mon repentir... mes remords...

— Votre repentir... vos remords m'ont touchée, Albert... et Sylvia vous le dira... Même avant d'avoir reçu votre lettre... vous étiez pardonné... Si outrageante que fût votre accusation d'hier soir, elle ne pouvait m'atteindre... vous ne jouissiez plus de votre raison... et dans votre accès de folie furieuse... vous m'eussiez tuée... que je serais morte en vous excusant... Eh bien... malgré votre accusation odieuse... malgré vos menaces de mort... malgré la tenacité de vos injurieux soupçons... mon cœur est toujours à vous... mes projets sont toujours les mêmes... vous fixerez à notre mariage le terme qu'il vous plaira... nous irons vivre où vous voudrez et comme vous le voudrez... Ces offres, je vous les faits le front haut, parce que... et songez à la valeur de ce serment dans ma bouche... mon ami... parce que je vous jure, sur la mémoire de ma mère, que voilà... que je n'ai jamais, en quoi que ce soit, démérité de votre estime... et que je suis toujours la loyale et honnête fille que vous aimiez...

— Quoi ! et l'accent de cette voix... l'assurance de ce regard... la sainteté de ce serment ne vous convaincraient pas... monsieur !... vous pourriez encore conserver quelque soupçon?... — s'écrie Sylvia, entraînée par l'irrésistible empire de la sincérité d'Antonine ; — mais celle-ci, d'un geste, la priant de ne point l'interrompre, continue ainsi :

— J'ajouterai ceci, Albert... Oui, pour tout autre que pour vous... mon refus de m'expliquer sur les causes de mon intimité avec le colonel Germain... serait inexplicable... et pourrait éveiller des doutes... fâcheux pour moi...

— Vous en convenez... mon Dieu... et vous refuseriez de...

— J'en conviens... parce que cela est vrai... et je refuse... et je vous le répète... je refuserai toujours... vous m'entendez, Albert?... et vous savez la fermeté de mon caractère... je refuserai toujours de m'expliquer à ce sujet...

— Ah !... vous êtes sans pitié !...

— Telle est la fatalité de ma position, mon ami.

— Mon Dieu ! — s'écrie le soldat ; — mais enfin... les causes de votre intimité avec... avec... cet homme... sont honorables... sans doute ?

— Parfaitement honorables...

— Alors... au nom du ciel !... Antonine... pourquoi vous obstiner à me les cacher ?

— Parce que le devoir me commande de me taire... mon ami.

— ... Le devoir !... quel devoir ?

— Je ne puis vous en dire davantage... Vous savez maintenant, Albert... la vérité... toute la vérité... Votre destinée... la mienne sont entre vos mains ; si vous n'avez pas assez de confiance en moi pour croire à ma parole... à mon serment sacré... si le soupçon... doit à jamais empoisonner votre vie... si enfin votre raison ne peut admettre qu'il se présente des circonstances telles qu'une honnête femme, liée par le devoir... ne puisse autrement défendre son honneur qu'en jurant qu'elle est irréprochable, en ce cas, mon ami... que tout soit fini entre nous... vous l'aurez voulu...

Antonine essuie ses pleurs, raffermit sa voix altérée par une émotion croissante, et poursuit ainsi :

— Quelle que soit votre décision, Albert, je ne m'en plaindrai pas... je ne vous accuserai pas... parce qu'il faudrait, je le sais... votre caractère jaloux accepté, être d'une trempe d'âme peu commune... ou avoir en moi la confiance que je mérite d'inspirer, pour braver des apparences dont je ne me dissimule pas la gravité... Vous réfléchirez à loisir, Albert... vous me ferez connaître votre résolution... Quelle qu'elle soit, je vous le répète... croyez-le, mon ami... croyez-le bien... elle ne changera en rien mon amour pour vous... Je vous aimerai dignement... jusqu'à la fin... et je mourrai fille... et, ce ne sont pas là... des paroles de roman... je vous l'ai dit... Sylvia.

Et Antonine brisée, vaincue par l'émotion contre laquelle en vain elle essaie de lutter de nouveau, ne peut contenir ses larmes ; elle appuie en sanglotant son front sur l'épaule de son amie ; celle-ci la serre entre ses bras, en disant à Albert d'une voix éplorée :

— Ah ! monsieur... ne pas la croire... ce serait ne pas l'aimer...

— C'est elle qui ne m'aime pas !... c'est elle qui ne m'aime plus !... — s'écrie le jeune homme exaspéré ; — elle sacrifie notre amour, notre avenir à un entêtement odieux !

— Ce reproche est injuste... Albert,— répond Antonine d'une voix entrecoupée. — S'il me faut accomplir ce cruel sacrifice... je l'accomplirai, je vous l'ai dit... au nom du devoir!

— Votre devoir est d'être sincère envers moi ! — s'écrie le soldat, rendu injuste par la douleur et la jalousie. — Votre devoir, c'est de me prouver que votre étrange intimité avec cet homme, a des motifs honorables... et s'ils l'étaient... vous les avoueriez... oui... et puisque vous vous obstinez à me les cacher... c'est que vous avez à en rougir...

— Quoi, monsieur ! — reprend Sylvia avec un accent de reproche véhément, — cette malheureuse enfant vous a dit que, liée par le devoir, elle devait se taire ! A ce devoir elle aurait l'admirable courage de sacrifier son amour... le vôtre, et vous osez l'accuser encore !

— Hé madame... cela fût-il vrai... il est donc un sentiment qui, chez elle, passe avant son affection pour moi... puisqu'à ce sentiment, elle est capable de me sacrifier...

— Mais, insensé que vous êtes... Antonine

est prête à vous épouser... malgré des doutes injurieux qu'elle vous pardonne...

— Oui, — reprend amèrement le soldat, — ... si je suis assez... assez lâche... assez ignoble pour fermer les yeux sur son intimité coupable avec ce misérable.

— Albert! ces paroles son indignes... et je...

Puis Antonine dominant son indignation douloureuse, ajoute :

— Mais vous recommencez de perdre la raison... vous ne pouvez plus m'offenser...

— Vous offenser! — s'écrie le soldat, cédant à la violence de son caractère, jusqu'alors et depuis longtemps si difficilement contenue; — ah! c'est vous offenser que de qualifier comme il doit l'être... ce misérable vieillard qui a détruit mon bonheur... mon avenir!... qui vous a corrompue peut-être!... Vous l'aimez donc bien, cet homme... que vous le défendez ainsi!

— Ah! c'en est trop! — s'écrie Antonine...

Mais à ce moment la porte du salon s'ouvre, et la femme de ménage introduit le colonel Germain.

XXXIX

Madame Pigal, la femme de ménage, en introduisant chez Antonine le colonel Germain, avait dit à part soi, avant de se retirer :

— Voilà le *vieux* et le *jeune* ensemble... qu'ils s'arrangent... ça va faire une scène terrible ! Ils vont se carnager ! se dévorer ! Eh bien ! tant mieux ! ça lui donnera une bonne leçon, à cette vilaine créature que je croyais si honnête !

Ce pensant, madame Pigal referme sur elle la porte du salon.

Le colonel Germain, âgé d'environ cinquante ans, n'offrait en rien l'aspect d'un *vieillard*, malgré sa moustache grisonnante, ainsi que sa chevelure abondante et bouclée; sa taille était svelte, élégante et élevée; son œil, noir comme ses sourcils prononcés, semblait encore briller du feu de la jeunesse; ses traits, jadis remarquablement beaux, conservaient la régularité de leurs lignes; l'on ne pouvait, en somme, rencontrer une figure plus noble, plus martiale que la sienne.

Albert Gérard, quoique la femme de ménage n'eût pas prononcé le nom du colonel Germain, le reconnut aussitôt en sentant sa jalousie s'exaspérer jusqu'au délire. A l'entrée de ce personnage, dont l'extérieur différait complètement de celui d'un *vieillard*, tel que se l'était jusqu'alors imaginé le soldat, il n'en douta plus, le colonel, probablement *très roué*, grâce aux nombreuses bonnes fortunes dont il avait dû jouir dans sa jeunesse, grâce à ses avantages naturels, était parvenu à abuser de l'inexpérience et de la candeur d'Antonine, étant seule, sans appui et livrée presque sans défense à la merci de son séducteur.

De sorte que, — alternative horrible, — Albert se persuada que, si sa fiancée ne s'était pas vendue, elle avait pu se donner librement à son rival.

Or, l'orgueil humain est si féroce, que le malheureux fou aurait peut-être préféré qu'Antonine eût cédé à une cupidité infâme, plutôt que de céder aux séductions du colonel Germain.

Cette dernière préférence accordée à un homme sur un autre homme et dégagée de tout intérêt sordide, blessant, déchirant à vif l'amour-propre d'Albert, le mettait hors de lui. Enfin, il remarqua que sa fiancée, prévoyant sans doute un éclat redoutable, s'était aussitôt après l'entrée du colonel Germain, élancée vers lui sans cacher les symptômes de la crainte la plus vive, la plus tendre, et, lui serrant la main, lui avait murmuré quelques paroles à l'oreille, en lui désignant du regard son fiancé.

Sylvia, pâle, tremblante, est si bouleversée qu'elle est obligée de s'appuyer à un meuble, presque défaillante d'effroi, en pensant à ce qui va se passer entre ces deux hommes...

Albert, livide, les traits contractés par les spasmes de la jalousie, de la haine, de la fureur, s'efforce d'abord de se contenir, obéissant malgré lui au respect que lui impose le grade du colonel Germain, respect presque involontaire, né d'une longue observance de la discipline militaire.

ALBERT, *d'une voix sourde et sardonique.* — Mon colonel... vous êtes exact au rendez-vous qu'hier matin... lorsque vous l'embrassiez... vous a donné mademoiselle... Je suis vraiment fâché... de venir troubler votre tête-à-tête...

ANTONINE, *éperdue, bas au colonel.* — Ayez pitié de lui !

LE COLONEL GERMAIN, *bas à Antonine.* — Sois tranquille. (*Haut, d'une voix calme et grave.*) Monsieur Albert Gérard, je vous crois, et je vous sais un galant homme...

ALBERT, *avec un éclat de rire ironique.* — En d'autres termes... vous me croyez un sot, mon colonel ?

SYLVIA, *bas à Antonine.* — Du courage... sœur... du courage !...

ANTONINE, *d'une voix faible.* — Je me sens mourir... j'avais oublié la visite que devait me faire le colonel, ce matin...

LE COLONEL GERMAIN, *à Albert.* — Quelques mots, monsieur, mettront terme à une méprise que vous serez le premier à déplorer. Mademoiselle Antonine, pour qui j'ai la plus respectueuse, la plus sincère amitié, m'a fait l'honneur de me confier ses projets de mariage avec vous... et je voyais dans ce mariage le plus heureux avenir pour madeselle et pour vous... Elle m'a dit tout le bien qu'elle pensait de vous... monsieur... ajoutant que vous étiez et seriez l'unique amour de sa vie...

ALBERT, *effrayant.* — Sans vous compter, mon colonel... cela va de soi... et vous avez pensé que je serais plus tard assez bénêt... pour épouser votre maîtresse ?

ANTONINE, *avec un sanglot.* — Mon Dieu ! entendre cela... entendre cela !...

SYLVIA, *à part.* — Le sangfroid de ce malheureux m'épouvante plus encore que ses fureurs d'hier...

LE COLONEL GERMAIN, *impassible*. — Monsieur Albert, nous sommes tous deux soldats... tous deux gens de cœur... et entre soldats... entre gens de cœur... il est un serment auquel on a toujours foi... à moins d'être... ce qu'heureusement... nous ne sommes... ni l'un ni l'autre... J'ai cinquante ans, monsieur...

ALBERT. — Allons donc, mon colonel... vous avez l'air d'un jeune homme... demandez plutôt à votre maîtresse.

ANTONINE, *suppliante, au colonel*. — De grâce... il n'a plus la tête à lui.

LE COLONEL, *rassurant Antonine d'un regard, reprend avec une dignité froide*. — ... J'ai cinquante ans... monsieur Albert... et, pendant trente ans de bons services, je n'ai donné à personne... le droit de douter de ma loyauté... Vous me croirez donc... je vous donne ma parole de soldat... que mademoiselle Antonine Jourdan n'a jamais cessé de vous aimer, qu'elle est aussi digne de votre profond respect et de votre amour... que lorsque vous l'avez quittée.

ALBERT. — Mon colonel... avez-vous, hier, en la quittant, embrassé mademoiselle?

LE COLONEL GERMAIN, *légèrement embarrassé*. — Il est vrai, monsieur.

ALBERT. — A la bonne heure !... voilà qu est parler !... c'est franc ! pas de mystères !

LE COLONEL GERMAIN. — Je n'ai aucune raison de vous cacher cela, monsieur, que lorsque j'ai l'honneur de prendre congé d'elle, mademoiselle veut bien me permettre de l'embrasser...

ALBERT. — Excellente habitude, mon colonel !... et mademoiselle... a la non moins amoureuse habitude de vous tutoyer ?...

LE COLONEL GERMAIN, *rougissant*. — Monsieur...

ALBERT. — Quoi ! vous rougissez, mon colonel !... vous n'osez répondre ?... Touchante timidité chez un... vieux roué !... (*Mouvement du colonel ; un regard éploré d'Antonine le contient.*) Mais votre maîtresse, moins rouée... ou plus rouée... que vous... je vous laisse le choix, mon colonel... avoue tout simplement qu'elle vous tutoie... Pourriez-vous, s'il vous plaît... m'expliquer le motif de cette honnête familiarité, avec une jeune personne que je devais épouser ?...

SYLVIA, *à part.* — Ah! je tremble... la fureur de ce soldat va éclater...

LE COLONEL GERMAIN. — Mon âge autorise la famliarité avec laquelle mademoiselle daigne traiter un bon et vieil ami... monsieur... Mais, permettez ; je le vois avec regret, vous n'avez pas, par inadvertance sans doute, suffisamment pesé la valeur de ces mots... que je vous répéterai, monsieur... et cette fois... j'en suis certain... vous mettrez fin à des accusations... que le trouble de votre esprit peut seul excuser... (*D'une voix haute et solennelle.*) Mademoiselle Antonine n'a, en quoi que ce soit, démérité de votre respect, monsieur... et, de cela... je vous donne de nouveau ma parole de soldat...

ALBERT, *livide et l'œil injecté de sang.* — Et moi, monsieur... je vous donne ma parole de soldat... que vous êtes le dernier des misérables !...

ANTONINE *se jette au-devant du colonel Germain qui a bondi à l'insulte d'Albert.* — Ne lui répondez pas... il perd la raison... Par pitié... sortez... sortez...

SYLIVA, *épouvantée, voyant Albert se pré-*

cipiter devant la porte, afin d'en barrer le passage. — Il est trop tard !

ANTONINE, *courant éperdue à Albert, adossé à la porte et effrayant.* — Je vous en conjure... revenez à vous... Albert... il vous a dit la vérité... je vous le jure... laissez-le sortir... au nom du ciel, laissez-le sortir !

ALBERT. — Tu trembles... pour la vie de ton amant !... tu as raison de trembler... Je le tuerai !

ANTONINE, *voulant prendre la main d'Albert.* — Mon ami... écoutez-moi... je...

ALBERT, *la repoussant violemment.* — Arrière, infâme !

Antonine a été si rudement rejetée en arrière, qu'elle serait tombée sur le parquet sans le secours de Sylvia. Celle-ci la reçoit dans ses bras et la soutient au moment où le colonel Germain, incapable de se dominer plus longtemps, s'élance menaçant vers le sous-officier... Mais, par un dernier effort de volonté, il s'arrête à deux pas du jeune homme, le toise, garde un instant le silence, puis d'une voix presque calme, s'adressant à Albert :

— Dans l'état d'exaspération où vous êtes...

je ne vous laisserai pas seul avec mademoiselle... sortons... monsieur...

ALBERT. — Oh! pas encore!... pas encore!...

LE COLONEL GERMAIN. — Regardez-la donc... malheureux fou!... elle se meurt d'épouvante!

ALBERT. — Tant mieux!... et lorsque je vous aurai aussi tué, vous, je serai vengé! Ce sera un duel à mort! (*Se tournant vers Antonine*), tu entends, mon honnête et chaste fiancée?... un duel à mort!... bien à mort!...

ANTONINE *se redressant avec terreur.* — Un duel!... entre eux!... mais c'est impossible!... et je... (*les forces lui manquent, elle retombe dans les bras de Sylvia qui la soutient toujours agenouillée.*) Mon Dieu... ayez pitié de moi!...

LE COLONEL GERMAIN, *froidement à Albert.* — Je ne peux pas me battre avec vous... vous le savez bien... je suis colonel... vous êtes sous-officier...

ALBERT. — Je ne suis plus militaire... j'ai mon congé...

LE COLONEL. — Il n'importe!... je ne me battrai pas avec vous...

ALBERT. — Ah! vous refusez?...

LE COLONEL GERMAIN. — Oui...

ANTONINE, *soutenue par Sylvia, d'une voix basse et déchirante.* — Ils vont s'égorger !... mon Dieu !... et je n'avais qu'un mot à dire !...

SYLVIA, *suppliante.* — Dites-le... empêchez un affreux malheur... dites-le...

ANTONINE, *se tordant les mains de désespoir.* — Je ne peux pas le dire... mon Dieu ! je ne peux pas ! J'ai fait un serment... le plus terrible des serments !

ALBERT, *au colonel, et haletant de fureur.* — Vous refusez de vous battre ?

LE COLONEL GERMAIN. — Je refuse.

ALBERT. — Mais, non content... d'être un menteur, un parjure, vous êtes donc aussi... un lâche !...

LE COLONEL GERMAIN *devient pourpre... puis, d'une pâleur mortelle ; il va éclater... mais voyant Antonine toujours à genoux, muette de terreur, se tourner vers lui en tendant ses mains jointes, il se dompte.* — Je ne suis pas un lâche... et je ne me battrai pas avec vous... monsieur...

ALBERT, *terrible, et les poings crispés.* — C'est votre dernier mot...

LE COLONEL GERMAIN. — C'est mon dernier mot...

ALBERT. — Écoutez... vous êtes un vieux soldat... j'ai encore mes préjugés militaires... il me répugne, voyez-vous, de lever la main sur un homme à cheveux gris... qui a porté l'uniforme ; mais, si vous ne voulez pas vous battre, je vous soufflette !

Le colonel Germain, à ce dernier outrage, perd son sangfroid ; il lance au sous-officier un tel regard, sa physionomie est si menaçante, qu'Antonine se traîne sur ses genoux entre les deux adversaires, et, palpitante, s'écrie :

— Albert !... écoutez... vous allez tout savoir... je...

Mais soudain, les yeux égarés de la jeune fille rencontrent le portrait de sa mère ; elle pousse un cri d'effroi, et, cachant son visage entre ses mains, elle murmure, défaillante :

— Non !... je ne peux pas !... je ne peux pas !...

Et Antonine, se renversant en arrière, reste presque mourante, soutenue par Sylvia qui vient de s'agenouiller près d'elle.

LE COLONEL GERMAIN, *se plantant face à face*

devant Albert, et croisant ses bras sur sa poitrine. — Oui, je refuse le duel... Et maintenant, jeune homme, osez donc lever la main sur moi!... osez donc souffleter ce visage cicatrisé par la bataille!... (*Albert, atterré, recule d'un pas.*) Osez donc vous porter contre moi à ce dernier outrage... sachant un duel impossible entre nous!... et alors... qui de vous ou de moi, jeune homme, sera le lâche?... répondez!... quel sera le lâche?...

ALBERT, *écrasé par ces nobles paroles, garde le silence; un morne désespoir succède à son farouche emportement.* — Monsieur... si j'avais pu conserver le moindre doute... sur le malheur affreux... qui me frappe... (*sa voix se brise*) votre calme devant mes insultes, votre inexplicable refus de vous battre avec moi... me prouveraient ce dont je ne suis que trop convaincu : l'on ne fait un pareil sacrifice... qu'à une... femme... dont on est aimé!

LE COLONEL GERMAIN. — Mais, insensé que vous êtes... je vous ai juré ma parole de soldat que...

ALBERT. — Pas un mot de plus, monsieur; je vous cède la place... (*S'adressant à sa fiancée, qui sanglote convulsivement, le front appuyé sur l'épaule de Sylvia*). Adieu, Antonine... et pour jamais, adieu!... Vous me faites bien du mal... je vous le pardonne; soyez heureuse!... quant à moi... tout est fini... et ce soir... (*Albert n'achève pas, s'élance vers la porte, et se retournant vers la jeune fille*) : — Adieu! Antonine... soyez heureuse!...

Le sous-officier disparaît au moment où le colonel Germain court à lui, dans l'espoir de le retenir.

XL

Sylvia, avec le secours du colonel Germain, a aidé Antonine à se relever, et l'a placée à demi étendue sur un sofa; elle continue de sangloter, les yeux fermés, sans prononcer une parole, serrant de temps à autre, avec une force convulsive la main de Sylvia, debout près du sofa, vers lequel est penché le colonel Germain; il contemple Antonine avec une expression d'angoisse et de tendresse inexprimable, et ses larmes coulant alors vont se perdre dans une épaisse moustache grise.

Le silence prolongé que gardent son amie et le colonel Germain fait penser à Sylvia qu'après cette scène cruelle ils désirent rester seuls ; elle se courbe vers la jeune artiste, et la baisant tristement au front :

— A bientôt, chère Antonine... je reviendrai dans la journée... Courage, pauvre sœur, courage!... ne vous désespérez pas... vous reverrez Albert... la réflexion et son amour vous le ramèneront.

Puis, répondant à un signe de tête négatif et à un gémissement douloureux d'Antonine, la jeune femme ajoute :

— Son amour vous le ramènera, vous dis-je... mais il faudrait lui écrire... Si cela vous coûte, dans l'abattement où vous êtes... voulez-vous que, moi, je lui écrive?... il a paru me témoigner quelque confiance... Wolfrang lui porterait ma lettre... et, pour plusieurs raisons, j'en suis presque certaine, il convaincrait ce malheureux insensé que vous n'avez pas démérité son amour...

— Chère... chère Sylvia, — répond Antonine d'une voix affaiblie, baisant la main de la jeune femme, — vous êtes un ange de consolation et de bonté.

— Ah! madame... excusez-moi de ne pas vous avoir exprimé jusqu'ici... ma profonde reconnaissance de l'intérêt que vous portez à mademoiselle... — dit le colonel Germain d'un accent pénétré... mais... au milieu du trouble causé par tant de pénibles incidents... je n'ai pu vous adresser la parole... et j'ignore encore, madame, à qui j'ai l'honneur de parler?

— A la meilleure amie d'Antonine, monsieur... bien que notre connaissance ne date que d'hier... Mais que pensez-vous, monsieur, de mon idée, d'écrire à cet infortuné, en lui faisant remettre par une personne qui, je le répète, saura, je l'espère, le persuader de la vérité?

— Cette idée, madame... est excellente... il faudrait l'exécuter de suite...

— Chère Antonine... — reprend Sylvia, — où demeure Albert?

— Hélas... j'ignore à quel hôtel il est descendu... et, vous le savez... je n'ai pas eu le temps de le lui demander.

— Ah! c'est désolant, — reprend Sylvia, — mais, habituellement, où logeait-il?

— Dans une maison garnie, de la rue Montmartre, *hôtel des Étrangers*...

— Il est probable qu'il y aura encore logé cette fois-ci, et je vais envoyer à l'instant prendre le renseignement, — dit Sylvia, — mais que faire... si notre espoir est trompé?

— Albert, à son arrivée, a dû faire viser sa feuille de route à l'état-major de la place, — reprend le colonel Germain, — et donner aussi son adresse... j'irai tout à l'heure à l'état-major... m'informer à ce sujet...

— En ce cas, chère Antonine, je vais me hâter d'écrire une lettre... il est presque certain maintenant que, d'une façon ou d'une autre, nous saurons l'adresse de votre Albert... et alors... comptez sur l'effet de ma lettre, et surtout sur l'éloquence persuasive de Wolfrang... Ainsi donc, à bientôt; je reviendrai vous apprendre le résultat de mes informations... Du courage... mon amie... ma sœur...

Et Sylvia s'incline vers la jeune fille, afin de lui donner un dernier baiser.

Antonine, enlaçant alors de ses bras son

amie, se penche vers elle, et lui dit tout bas d'une voix navrante :

— Malgré les apparences... vous du moins... vous me croyez innocente... n'est-ce pas ?

— Est-ce que sans cela... j'écrirais à votre Albert ? — répond aussi tout bas Sylvia en serrant tendrement la main d'Antonine. —

Et se relevant en s'adressant au colonel Germain qui s'incline respectueusement devant elle...

— Adieu, monsieur... je vous laisse avec notre pauvre amie... veillez bien sur elle... et croyez qu'elle trouvera toujours en moi l'affection de la meilleure, de la plus dévouée des sœurs...

A peine Sylvia a-t-elle fermé la porte du salon, que le colonel Germain se jette à genoux devant le sofa où est à demi étendue Antonine, et la serre passionnément entre ses bras, en murmurant d'une voix étouffée par les pleurs :

— Mon enfant !... ma pauvre enfant !

— Ah ! mon père... je suis bien malheureuse... je ne LE reverrai jamais, Albert !... mais j'aurai accompli mon devoir... jusqu'à la fin... je n'aurai pas déshonoré la mémoire de ma mère ! j'aurai tenu le serment qu'elle a exigé de moi à son heure dernière... lorsque, me révélant l'unique faute de sa vie... faute tant pleurée, si dignement expiée par elle... ma mère m'a dit en m'apprenant le secret de ma naissance... « Jure-moi de ne confier à personne ce triste secret... même à Albert ton fiancé. » — J'ai juré... j'ai tenu ma parole... le sacrifice est consommé.

XLI

Pendant que se passaient les évènements précédents aux divers étages de la *maison du bon Dieu*, avait sonné l'heure du rendez-vous accordé par Francine Lambert à M. de Luxeuil.

La jeune femme, après le départ du libraire pour le château de Stains, où il devait être retenu jusqu'à la nuit par la vente d'un grand nombre de livres précieux, la jeune femme, cruellement agitée par une lutte violente entre son coupable amour et ses devoirs, entre sa reconnaissance pour la généreuse bonté de son mari, — bonté dont le lecteur ne soupçonne pas encore l'étendue, — et le fatal attrait qu'elle ressentait pour le jeune *beau*, était restée indécise entre le bien et le mal...

Tantôt elle songeait que l'absence prolongée de son mari et le prétexte imaginé par elle d'aller examiner les livres renfermés dans le grenier, lui offraient l'occasion, — unique peut-être, — d'aller sans danger au rendez-vous dont elle était convenue la veille avec M. de Luxeuil.

Tantôt elle reculait devant cette résolution... sentant que ce premier pas pouvait la conduire à sa perte... au déshonneur... à une vie misérable et pire encore peut-être... car l'admirable conduite du libraire envers elle devait le rendre inexorable, s'il découvrait l'infidélité de sa femme... Il la chasserait de sa maison, et, désormais en proie à la détresse, Francine devait choisir entre les plus dures privations et les infâmes ressources qu'une femme réduite aux expédients peut trouver dans sa jeunesse et dans sa beauté...

A cette pensée, Francine tremblait d'épouvante, car malgré son intelligence bornée, malgré la faiblesse de son sens moral... il restait en elle un certain fonds de délicatesse et d'honnêteté. Ainsi lorsque cette redoutable éventualité se présentait à son esprit... et elle s'y présentait souvent :

« Si mon mari me chasse de chez lui... de quoi vivrai-je ? »

Il ne vint pas une fois à l'esprit de Francine de se dire :

« M. de Luxeuil est riche, il est la première cause de ma perte... J'aurais recours à lui... »

Non, à ce misérable et sot amour, madame Lambert se sacrifiait aveuglément sans arrière-pensée, sans calcul, avec cette abnégation coupable sans doute... mais empreinte de ce dévouement aveugle dont la femme seule est capable, et dont l'homme, — sauf de rares exceptions confirmant la règle, — est complètement incapable dans son brutal égoïsme.

Cette affirmation n'est point exagérée.

Par exemple, que risque, au pis-aller, M. de Luxeuil en rendant Francine infidèle à ses devoirs?

Dans le cas où cette infidélité est découverte, trois alternatives se présentent :

M. de Luxeuil, surpris en flagrant délit, peut tuer M. Lambert où être tué par lui en duel, ou cité par lui en justice comme adultère, et condamné à un maximum d'une ou deux années de prison.

Graves sans doute sont ces conséquences; mais leur action, toute *matérielle*, nullement déshonorante aux yeux du monde, est d'ailleurs soumise à des chances aléatoires.

Surpris en flagrant délit, M. de Luxeuil peut n'être pas tué par M. Lambert et provoqué en duel par le mari outragé. — L'amant peut avoir l'avantage dans le combat. — Quant au procès en adultère, suivi d'une ou deux années de détention... la peine est légère.

Mais quel est le sort, non point aléatoire, mais CERTAIN de madame Lambert, son infidélité découverte?

Son mari, cédant à une admirable mansuétude, lui pardonnera-t-il la faute qu'elle avait commise ?

La grandeur écrasante de ce pardon rendra plus affreux encore le remords de la jeune femme... égarée, mais non foncièrement pervertie. Condamnée à vivre désormais en présence de l'honnête homme ulcéré qui a répondu à l'outrage, à la noire ingratitude de l'épouse criminelle... par l'indulgence ou la pitié, la vie de cette infortunée ne sera-t-elle pas pour toujours empoisonnée ?

Mais, et si obéissant à une indignation légitime... et que le passé (encore ignoré du lecteur, nous le répétons) doit rendre impitoyable, M. Lambert envoie Francine sur le banc des adultères ?

Que de hontes... que de souffrances pour elle... ainsi exposée au pilori du tribunal, aux regards de tous !... Puis son temps de prison expiré... prison partagée avec des femmes perdues... c'est la misère et les hideuses tentations de la misère... lorsqu'on est belle et jeune.

Et si monsieur Lambert est tué en duel par M. de Luxeuil... ou si celui-ci est tué entre ses bras par M. Lambert ?... quels sanglants et épouvantables remords pour Francine !

Et si M. Lambert, par pudeur pour son nom se borne à chasser de sa maison la femme coupable... que devient-elle, si, dénuée de ressources elle en cherche et en trouve d'infamantes ?

Hélas! à mesure que viendra l'âge et que s'en ira la beauté... la misérable créature descendra, degré à degré, l'échelle du vice jusqu'à ces fangeux bas-fonds où il n'a même plus de nom dans la langue des honnêtes gens !

Et maintenant comparez les risques courus par M. de Luxeuil et par Francine, par la découverte de leur liaison adultère?

Lequel des deux risque davantage? et conséquemment fait montre de plus d'abnégation en affrontant des périls disproportionnés ?

M. de Luxeuil risque sa vie... et il a des chances égales pour qu'elle soit sauvée.

Francine est fatalement, infailliblement vouée pour le reste de ses jours à la douleur, — au remords, — à la misère, — ou à une ignominie pire que la misère, — existence auprès de laquelle la mort est un bienfait.

Et cet exemple peut et doit s'appliquer à toutes les liaisons de ce genre.

De la part de l'homme, risque purement matériel.

De la part de la femme, sacrifice immense et généralement insensé, si l'on songe aux objets de ce sacrifice qui n'en demeure pas moins immense.

Ah! si les hommes couraient relativement les mêmes périls que leur victime, si leur existence entière pouvait être brisée, diffamée, déshonorée, leur avenir perdu par suite d'une liaison adultère; ah! s'ils risquaient seulement d'être atteints dans leur fortune, combien chastes ils deviendraient soudain! Que de Joseph l'on verrait laisser en rougissant leur manteau entre les mains de belles Putiphar, trop insoucieuses de leurs propres risques, pour songer à ceux que courent les objets de leur flamme!

. . . .

Donc, Francine Lambert luttait de son mieux contre son amoureux penchant, lutte de plus en plus pénible à mesure que s'était approchée l'heure de son rendez-vous avec

M. de Luxeuil... rendez-vous si favorisé par l'absence prolongée du libraire.

Le garçon de magasin Bachelard, ce bavard, ce curieux, cet observateur redoutable, qui remarquait que la femme de son patron avait ce jour-là coiffé un frais bonnet, revêtu sa robe la plus élégante et chaussé des bottines neuves, Bachelard, en apparence occupé à ranger des livres dans la boutique, épiait sournoisement sa bourgeoise, non plus seulement curieux à outrance, mais plein de rancune contre Francine; car afin de motiver d'un prétexte sa visite au grenier après le départ de son mari, elle avait accusé la négligence du commis.

Soudain... et peu de minutes avant que deux heures eussent sonné, Bachelard aperçoit M. de Luxeuil à pied, et passant lentement devant la boutique, où il jette un regard prolongé en toussant légèrement...

Francine tressaille, lève la tête, ses yeux rencontrent ceux du jeune *beau*... Elle devient pourpre... il passe et s'éloigne dans la direction de la porte cochère de la maison.

—Ils ont échangé un regard d'intelligence! ils s'entendent!...j'en étais sûr... le muscadin rentre chez lui... attention !... je gage qu'il va y avoir du nouveau, — se dit Bachelard. — Ah ! mon aimable patronne... afin de pouvoir monter au grenier pour tes manigances, tu m'as accusé de laisser manger les livres par les rats !... bien ! bien ! tu me paieras cela... ton compte est bon... à toi, avec ton frais bonnet, ta robe vert-pomme et tes bottines neuves...

Pendant ces réflexions du commis, qui ne cesse de l'épier, madame Lambert, pâle, le sein palpitant, l'œil fixe sur la clé du grenier placée devant elle, sent que le moment suprême est arrivé... Le jeune *beau* l'attend chez lui... selon la promesse que la veille il lui a arrachée...

A ce moment, le valet de chambre de M. de Luxeuil entre dans le magasin, et s'adressant à la femme du libraire :

— Madame, avez-vous, s'il vous plaît, les œuvres de Walter Scott?

— Non, monsieur, répond Francine, s'efforçant d'affermir son accent, car il était convenu entre elle et M. de Luxeuil, que celui-ci, éloignerait son domestique et l'enverrait, en passant, demander les œuvres de Walter Scott.

— Pardon, madame... — dit le domestique en sortant, suivi des yeux par Bachelard, qui, du seuil de la boutique le voyant dépasser la porte de la maison, se dit :

— Bon ! le mirliflor envoie son domestique en course... afin d'être seul chez lui. Est-ce que la bourgeoise s'arrêterait au second étage, au lieu d'aller attendre son galant au grenier ?... c'est ça qui serait du chenu ! Malheureux patron ! infortuné père Lambert ! tu me fais de la peine... mais tu seras vengé... et moi aussi... car toute la maison saura que la bourgeoise n'a mis ses bottines neuves que pour trotter menu chez ce muscadin...

— Bachelard, — dit soudain Francine en se levant du comptoir, et d'une main tremblante prenant la clé du grenier, — gardez le magasin... je monte en haut visiter les caisses de livres.

Madame Lambert a prononcé ces mots d'une voix très calme ; elle se dirige vers l'arrière-boutique où aboutit un escalier de dégagement, conduisant au palier de l'entresol habité par les deux époux; de là l'on peut monter aux étages supérieurs.

— Madame, — dit Bachelard à Francine au moment où elle entre dans l'arrière-boutique,— est-ce que vous resterez longtemps... là-haut?

— Je n'en sais rien... cela dépendra du temps que je mettrai à visiter les livres... — répond madame Lambert en refermant derrière elle la porte de l'arrière-boutique.

— Ça y est! — s'écrie Bachelard demeuré seul, — infortuné père Lambert! scélérate de femme! Oh! maintenant, je te tiens, ma bourgeoise! Ah! je laisse les rats manger les livres! mais tu es fièrement bonne enfant, si tu crois que je vas rester ici à faire le pied de grue.

Bachelard, ce disant, agite par deux fois le cordon de la sonnette qui communique du magasin à l'appartement de l'entresol.

— Je veux me donner le régal de te voir sortir tout à l'heure de chez ton galant, ma bourgeoise, — ajoute Bachelard; — je te foudroierai de mon regard... et tu ne pourras pas nier la chose, lorsque je la raconterai à mon infortuné patron...

Juliette, la servante, se croyant mandée par sa maîtresse, est descendue de l'entresol à l'appel de la sonnette, et elle entre dans le magasin par la porte de l'arrière-boutique, en disant :

— Madame a sonné ? — Mais la servante apercevant le commis seul.

— Tiens, madame n'est pas là ?... Qui donc a sonné ?

— C'est moi, Juliette...

— Comment, vous me sonnez !... et pourquoi faire ?...

— Pour vous prier, ma fille, de garder la boutique, — répond Bachelard, se dirigeant vers l'arrière-magasin, — j'ai affaire là-haut.

— Comment !... garder la boutique ? ah çà est-ce que vous êtes fou !... et mon dîner qui est sur le feu ?...

— Votre dîner mijottera, ma fille, calmez-vous... et mijottez vous-même en m'attendant, — répond Bachelard ; et il sort par la pièce du fond, malgré les cris réitérés de Juliette :

— Bachelard ! Bachelard !... maudit homme!... je ne peux pourtant pas laisser la boutique toute seule !

Et bientôt, avisant un cabriolet qui s'arrête à la porte, la servante dit avec surprise :

— Tiens, voilà déjà monsieur de retour !... il ne devait rentrer que ce soir...

XLII

Bachelard, trouvant à la porte de l'appartement de l'entresol la clé laissée par Juliette, entre dans l'antichambre, où il se poste aux aguets, tenant la porte entre-bâillée ; l'ampleur et la disposition de la cage de l'escalier permettent au commis, de l'endroit où il s'est placé, d'apercevoir au second étage la porte de l'appartement de M. de Luxeuil.

— Restons là en observation, — se dit Bachelard, — et lorsque je verrai la bourgeoise sortir de chez son galant, afin de descendre en catimini, je grimperai vite à sa rencontre afin de la croiser sur l'escalier; alors la transperçant de mes regards, je lui dirai d'un air finot : — Tiens, tiens... tiens, madame... vous sortez de chez ce beau jeune homme, et moi qui vous croyais montée au grenier avec votre robe vert-pomme et vos bottines neuves, à seule fin de visiter les livres que je laisse dévorer... par les rats !... Et alors la transperçant de plus en plus de mes regards, je...

Mais Bachelard, pétrifié de surprise, s'interrompt et s'écrie :

— Dieu de Dieu !... le patron !... quelle chance !

Et à travers la porte entre-bâillée, il aperçoit M. Lambert qui, sans s'arrêter à l'entresol, gravit les marches qui conduisent aux étages supérieurs, comptant surprendre sa femme occupée à visiter les livres renfermés dans le grenier.

— Le patron ! — répète Bachelard, suivant d'un regard stupéfait le libraire; — il va découvrir le pot aux roses... Fameux, fameux ! ça va chauffer ! Ne voyant pas la bourgeoise au comptoir, mon infortuné patron aura demandé à Juliette, qui garde la boutique, où est madame... Juliette aura répondu qu'elle n'en savait rien, et supposant sa scélérate de femme au grenier. Il y monte, il ne l'y trouvera pas... Sa première pensée sera de redescendre, croyant sa femme ici. Alors je dis avec ménagement à mon malheureux bourgeois, et de peur de lui porter un coup trop brusque : — Monsieur, vous ne savez pas?... madame est chez le muscadin du second étage... — Et Bachelard ajoute : — Ça t'apprendra, ma bourgeoise, à m'accuser de négligence !... Quel scandale dans la *maison du bon Dieu!* Hier, la découverte d'un forçat libéré sous la peau de ce vieil ours de Dubousquet. Et d'un ! Ce militaire, fiancé de la chanteuse, qui veut la poignarder... à cause qu'elle a un vieux pour bienfaiteur... Et de deux! Enfin, aujourd'hui ; madame Lambert qui s'en va voisiner chez le mirliflor, et qui va être surprise par son mari... Et de trois ! Quels cancans dans le quartier !... quels cancans !

Le commis se livre à ces réflexions, lorsque M. Lambert redescend lentement des étages supérieurs ; il est très pâle, et de temps à autre, il s'arrête afin d'essuyer la sueur froide dont son visage est baigné. Arrivé sur le palier du second étage, où ouvre la porte de l'appartement de M. de Luxeuil, le libraire s'arrête de nouveau.

— Ah ! mon Dieu !... le patron a tout deviné... Il est pâle comme un mort... il va entrer chez le muscadin, — s'écrie Bachelard, toujours aux aguets ;—je n'ai pas une goutte de sang dans les veines !... C'est drôle... je n'aurais jamais cru que ça me ferait cet effet-là... Mais, non, — ajoute le commis, suivant toujours des yeux M. Lambert. — Mais non, le patron n'entre pas chez le mirliflor... il ne se doute donc pas que la bourgeoise est là qui voisine chez le *beau* jeune homme. Alors pourquoi est-il si pâle, mon malheureux patron ?... C'est sans doute de surprise de n'avoir pas trouvé sa femme au grenier... Si c'est ça, il a seulement des doutes... mais le voilà... En avant ! c'est le moment de me venger de la bourgeoise.

Bachelard, feignant alors de sortir de l'appartement, se trouve face à face sur le palier de l'entresol avec M. Lambert et lui dit :

— Monsieur va dans l'appartement ?— Et, s'effaçant afin de laisser passer le libraire, qui ne lui répond pas, le commis ajoute, simulant la surprise :—Ah ! monsieur, comme vous êtes pâle ! Est-ce que vous avez été indisposé ?

— Oui... j'ai été pris en route d'un tel malaise... que j'ai été obligé de revenir, — répond M. Lambert, se dirigeant vers la porte du salon qui communique à la chambre à coucher de sa femme, tandis que Bachelard le suit en disant d'une voix hâtée :

— Monsieur croyait trouver madame au grenier. Elle y a monté, en effet, il y a dix minutes, mais fatiguée, probablement, elle s'est arrêtée pour se reposer... chez M. de Luxeuil, notre voisin du second étage... où je l'ai vue entrer.

Au moment où il articule ces paroles mensongères, car, s'il a tout lieu de croire que Francine est chez M. de Luxeuil, Bachelard n'a pas vu de ses yeux le fait, il ne peut, en suite de cette foudroyante révélation, apercevoir la figure de son patron. Celui-ci semble même n'avoir pas entendu son commis, devant lequel il marche, traversant ainsi le salon qui précède la chambre à coucher, où il entre, et dont il referme aussitôt la porte derrière lui.

Quelle est la stupeur de Bachelard, lorsque, à peine la porte de la chambre à coucher est-elle fermée, il entend M. Lambert s'écrier avec l'accent d'une vive surprise :

— Comment... ma chère amie... vous êtes chez vous !... Et cette Juliette qui m'assurait que vous n'y étiez pas, et que vous veniez sans doute de monter au grenier... où je suis allé vous chercher... En vérité, c'est insupportable ! — ajoute M. Lambert, élevant la voix, — je reviens ici... gravement indisposé... j'ai besoin de vos soins... et je suis obligé, souffrant comme je le suis, de monter et de descendre quatre étages !...

Et, répliquant à une réponse que le commis, de plus en plus stupéfait, ne peut entendre, M. Lambert ajoute d'un ton impatient et irrité :

— Vous ne m'attendiez pas sitôt... dites-vous ?... Qu'est-ce que cela me fait, à moi !...

il n'est pas moins vrai que je rentre chez moi ayant besoin de vous, et qu'il me faut, je vous le répète, monter et descendre quatre étages avant de vous trouver céans ; c'est fort désagréable.

XLIII

Bachelard, confondu, abasourdi de stupeur, et de plus crevant de dépit, car sa vengeance avortait, prêtait toujours l'oreille du côté de la chambre à coucher, où il entendait M. Lambert parler d'un ton si rude à sa femme.

— Sot que je suis ! — se disait le commis, — je me trompais !... La bourgeoise, au lieu de monter chez le muscadin, était entrée ici, pendant le temps que je suis resté dans le magasin, attendant que Juliette fût descendue. Je suis volé!... moi qui croyais me venger !

— Eh ! madame, — poursuivait le libraire, d'un accent de plus en plus irrité : — j'aurais moins regretté la fatigue de gravir ces quatre étages... souffrant comme je le suis... si du moins je vous avais trouvée au grenier, occupée à visiter mes livres... selon votre promesse... Mais, non... vous êtes ici occupée de vous pomponner... comme si vous n'aviez au monde autre chose à faire que de perdre votre temps à votre toilette !

— C'est ça ! j'y suis ! la scélérate était entrée chez elle afin de se bichonner encore avant de monter chez le muscadin, — se disait Bachelard ; — mon imbécille de patron est revenu un quart d'heure trop tôt !... Enfin, il bourre la bourgeoise... c'est toujours ça de gagné... Mais quelle bourrade je recevrai, moi, qui lui ai affirmé avoir vu sa femme entrer chez le muscadin !... Quel bonheur si le patron ne m'a pas entendu, comme il en avait l'air !... car il n'a pas seulement tourné la tête de mon côté... lorsque je lui ai révélé la chose... et je m'attendais à le voir s'épater de surprise et de fureur. Après tout, il est parfois distrait, et peut-être n'a-t-il pas fait attention à mes paroles si terribles, car il serait capable de me mettre à la porte.

— Mais, parlez donc plus haut, madame; pleurer n'est pas répondre... je... — reprenait M. Lambert, dans la chambre à coucher, — je n'entends pas un mot de ce que vous me dites. — Vous êtes inquiète de ma santé ?... c'est en vérité fort heureux !...

Et, un instant après, il ajoute :

— Certainement qu'il faut envoyer chercher le médecin... car j'ai une fièvre violente.

Ensuite d'un nouveau silence, M. Lambert continue, en se rapprochant de la porte derrière laquelle le commis se tient toujours aux écoutes :

— Allons, pleurez... pleurez encore, puisque cela vous plaît... mais je préférerais de beaucoup que vous me fissiez de la tisane; je vais descendre au magasin dire à Bachelard d'aller à l'instant chercher le médecin.

Le libraire, à ce moment, ouvre brusquement la porte, et le commis, craignant d'être surpris aux aguets, n'a que le temps de faire un saut en arrière et de se rapprocher de l'une des fenêtres du salon, à travers laquelle il feint de regarder dans la rue.

— Dieu merci! le misérable écoutait... j'en étais presque certain... — se dit M. Lambert. Et, refermant la porte de la chambre à coucher, il simule l'étonnement de voir Bachelard dans le salon, et s'écrie d'une voix courroucée:

— Comment, vous étiez là?

— Oui, monsieur, je...

— Que faites-vous ici? Pourquoi n'êtes-vous pas au magasin?

— Monsieur, c'est que...

— Vous écoutiez encore aux portes, drôle que vous êtes?

— Non, monsieur, je...

— Paix! courez à l'instant chez le docteur Simon... le prier de venir à l'instant... Et, s'il n'est pas chez lui, vous l'attendrez...

— Oui, monsieur, j'y vais.

— Mais, prenez garde de paresser en route, selon votre coutume.

— Ah! monsieur...

— Sortez, et allez vite... je vais voir par la fenêtre de quel pas vous marchez.

— Je suis sauvé! il n'a pas fait attention à mes paroles sur la bourgeoise, — se dit Bachelard en sortant, tandis que le libraire, ouvrant la croisée de l'entresol et s'accoudant à la barre d'appui, voit bientôt Bachelard sortir du magasin, qui, se sachant surveillé par son patron, s'éloigne à grands pas.

M. Lambert le suit pendant longtemps des yeux, puis refermant la fenêtre :

— Enfin... le voici hors de la maison... il lui faut au moins une heure pour aller chez le docteur et revenir.

Puis le libraire, dont la pâleur augmente, semble faire sur lui-même un violent effort, et se dit :

— Et maintenant... allons chercher ma femme... car je ne puis plus... en douter... elle est...

M. Lambert n'achève pas; ses traits se contractent d'une manière effrayante; il sort de l'appartement et monte l'escalier avec une hâte convulsive; il s'arrête à la porte de M. de Luxeuil, il sonne violemment et à tout rompre sans discontinuer.

Au bout de quelques instants de cette sonnerie précipitée, incessante, M. de Luxeuil entr'ouvre sa porte, et à l'aspect inattendu de M. Lambert, le jeune *beau*, malgré son audace, malgré sa rouerie, perd la tête, reste immobile et béant.

XLIV

Le libraire, profitant de la stupeur inerte où sa présence a d'abord jeté M. de Luxeuil, le pousse rudement, s'élance, traverse l'antichambre, la salle à manger, et s'arrête dans le salon à la vue de Francine, debout, effarée, essuyant son visage baigné de larmes. Mais à l'aspect de son mari, elle jette un cri d'effroi, et reste foudroyée, incapable d'articuler un mot, de faire un mouvement.

M. de Luxeuil, revenu de sa stupeur, accourt dans le salon, et s'adressant au libraire avec l'accent d'une irrésistible sincérité, — cette fois, il ne mentait pas, — lui dit :

— Monsieur... je vous le jure sur l'honneur... si accablante que soit pour madame sa présence chez moi... vous ne pouvez lui reprocher qu'une grave imprudence... que je déplore d'avoir provoquée... Je vous supplie de me la pardonner, ainsi qu'à madame; car, je vous le répète, et sur l'honneur, elle n'a d'autre tort que...

— Pas un mot de plus, monsieur, — répond M. Lambert. — Vous dites... ce que vous devez dire en pareille circonstance.

— Mais, monsieur... encore une fois.

— Assez... monsieur de Luxeuil... assez !

Le libraire, après ces mots adressés au jeune *beau*, dit à sa femme d'un ton glacial :

— Veuillez, madame, prendre la peine de vous asseoir... et... causons... tous les trois.

Francine s'asseoit machinalement, fascinée par le regard de son mari. Elle est sous le coup d'une telle épouvante, qu'elle n'a presque plus conscience d'elle-même, en cela que, bien qu'elle voie et qu'elle entende, il lui semble assister à une scène à laquelle elle est étrangère.

— Monsieur, — reprend M. Lambert en s'asseyant à son tour, et après un moment de silence, vous avez perdu madame...

— Je vous le jure de nouveau sur l'honneur, monsieur... vous n'avez à reprocher à madame que l'extrême imprudence de la visite qu'elle m'a faite, à ma pressante sollicitation...

— Monsieur... vous sentez bien que je ne me paie point de pareilles raisons... Je trouve ma femme enfermée chez vous... et seule avec vous... ma conviction est formée... donc, monsieur, vous avez perdu madame...

— Je vous adjure, madame... remettez-vous, — dit vivement le jeune *beau*. — Un mot, un seul mot de vous, convaincra monsieur Lambert de son erreur...

Et monsieur de Luxeuil se rapprochant de Francine anéantie, presque hébétée par la terreur :

— Madame... de grâce... ne m'entendez vous pas ?

— Si... je vous entends... je vous vois...—

répond la jeune femme dans un état presque léthargique, mais je... ne sais pas... je ne sais pas...

Le libraire, impassible et toujours assis, s'adressant à M. de Luxeuil :

— Les dénégations de madame n'auraient à mes yeux aucune espèce de valeur... monsieur... veuillez donc les lui épargner... il est constant pour moi que vous l'avez perdue... Je viens donc vous demander... ce qu'à présent vous comptez faire de ma femme ?

— Quoi ?... comment ? — balbutie M. de Luxeuil abasourdi. — Plaît-il, monsieur ?

— Je vous demande ce qu'à présent vous comptez faire de madame ?

— Mais, monsieur... je... je ne comprends pas... mais... pas du tout... ce que vous... voulez dire...

— Rien de plus simple cependant, — répond le libraire sans se départir de son calme glacial. — Ma femme ne remettra pas les pieds chez moi... Ma maison est à jamais fermée à une épouse coupable !

— Encore une fois, monsieur, je vous jure que...

— Mais, malgré la conduite inexcusable

de madame, et ma ferme résolution de ne jamais la revoir, — poursuit M. Lambert sans s'arrêter aux paroles de son interlocuteur, — madame m'inspire encore quelque pitié... Elle a vingt-cinq ans à peine, elle ne possède pas un sou de fortune, puisque je l'ai épousée sans dot, et vous concevez, monsieur... qu'après ce qui vient de se passer, madame ne peut et ne doit pas attendre une obole de moi... elle est à peu près incapable de gagner sa vie... d'où il suit, monsieur, qu'un dernier sentiment de pitié pour elle, me fait songer à son avenir... aussi je vous demande de quelle façon vous comptez assurer le sort de madame... vous, monsieur, qui l'avez perdue?...

M. de Luxueil était, nous l'avons dit, d'une crasse avarice et d'une égoïsme de roué. Jamais il n'avait pu lui venir la pensée que son *caprice* pour la femme du libraire, pût entraîner pour sa bourse et son avenir, à lui, Luxueil, des conséquences aussi graves que celles qu'énonçait M. Lambert avec un calme imperturbable.

Corrompre et séduire cette jeune femme, à merveille!.. et, le goût passager qu'elle lui inspirait satisfait, courir à d'autres conquêtes sans l'ombre de souci de sa victime... voilà à quoi avait uniquement prétendu le jeune beau.

Mais prendre cette galanterie au sérieux?

Mais s'embâter, — c'est le mot technique, — mais s'embâter de cette petite niaise à perpétuité?

Mais... — et cela surtout suffoquait le vainqueur de tant de riches et belles dames; — Mais, afin d'assurer le sort de la femme de ce libraire, écorner sa fortune à lui, Luxeuil, fortune qu'il gérait avec tant d'ordre et de sagesse, car ce monsieur, prodigieusement ordonné, se montrait fort bon ménager de son bien?

Mais réduire d'un ou de deux chevaux son écurie, à seule fin d'assurer l'existence d'une madame Lambert?

Allons donc! ces énormités horripilaient cet aimable roué, et il se disait : — Hé bien! il est encore bon là, M. Lambert! me demandant avec un aplomb superbe ce que je compte faire de sa femme! espérant sans doute de me la colloquer, pour s'en débarrasser!... Merci du cadeau!

Enfin madame Lambert aurait-elle eu à se reprocher autre chose que la terrible imprudence de sa visite chez lui, — et nous le répétons, cela n'était pas, — M. de Luxeuil, qui n'eût jamais consenti à se charger de l'avenir de sa maîtresse, — *à fortiori*, — se révoltait-il à la seule pensée de *s'embâter* de Francine qui n'était point sa maîtresse... argument irrésistible selon lui, et qu'il se proposait de faire valoir aux yeux du libraire.

M. Lambert, quoiqu'il ignorât l'égoïsme ignoble et la sordide avarice du jeune beau, devina facilement que ce jeune beau était un parfait misérable, en remarquant l'espèce de suffocation qu'il éprouvait à cette question nettement posée :

— Que comptez-vous faire pour assurer le sort de la femme que vous avez perdue?

Le libraire remarquait aussi que Francine semblait sortir de l'état de prostration, pour ainsi dire hébété, où l'épouvante l'avait d'abord jetée.

La malheureuse créature, tressaillant convulsivement de tous ses membres, cacha soudain son visage dans son mouchoir afin de s'épargner la vue de son mari ; et reprenant peu à peu conscience d'elle-même, elle ne perdit pas un mot de la suite de l'entretien, renoué de la sorte par M. de Luxeuil, après un instant de silence :

— Monsieur, j'ai dû me recueillir un instant avant de répondre à la question que vous m'avez adressée, j'ai dû interroger ma conscience et mon honneur.

— Et que vous ont répondu, monsieur, votre conscience et votre honneur ?

— Ils m'ont répondu ceci, — ajoute M. de Luxeuil d'un ton pénétré ; — oui, si j'avais malheureusement à me reprocher d'avoir perdu madame, il serait de mon devoir de galant homme... si vous la repoussiez de chez vous, monsieur, de lui offrir aide et protection... puisque je serais cause de sa perte ; mais heureusement... très heureusement... il n'en est pas ainsi.

— Madame, — répond le libraire, s'adressant à Francine, — êtes-vous maintenant en état de prêter attention à cet entretien ?

— Oui, monsieur, — balbutia la jeune femme, — je le crois.

— Vous avez entendu la réponse que vient de faire M. de Luxeuil ?

— Je l'ai entendue.

— Écoutez encore, madame, — ajoute M. Lambert avec un sourire amer, — écoutez...

— Oui, madame... écoutez, — ajoute M. de Luxeuil, et soyez-moi témoin que je dis la vérité.

— Puis, s'adressant au libraire, le jeune *beau* reprend :

— La vérité, monsieur, la voici. Lorsque vous êtes entré chez moi... il y avait tout au plus un quart d'heure que madame s'y trouvait. A peine a-t-elle mis le pied dans ce salon, qu'elle a fondu en larmes, s'est écriée qu'elle sentait seulement alors la gravité de son imprudence... qu'elle ne se pardonnerait jamais de manquer à ses devoirs. J'adjure madame de dire si ce n'est pas là la vérité.

— Oui, — murmure Francine d'une voix faible, — c'est bien la vérité, mon Dieu !

— Madame m'a supplié alors de la laisser sortir d'ici, — reprend M. de Luxeuil ; — j'ai tenté de la calmer... je craignais à chaque instant de la voir perdre connaissance... c'est alors, monsieur, que vous avez sonné chez moi. J'adjure encore madame de dire si telle n'est pas la vérité... toute la vérité..

— Oh! je le jure ! balbutie la jeune femme, je le jure !

M. Lambert, jusqu'alors silencieux, reprend avec un sangfroid glacial :

— Et de ces affirmations, confirmées par le témoignage de madame, que prétendez-vous conclure, monsieur ?

— Je conclus que vous êtes un homme trop équitable, trop généreux, monsieur Lambert, pour ne pas vous montrer indulgent envers madame, uniquement coupable d'une démarche très imprudente, sans doute, mais dont elle avait le plus cruel remords, même avant votre arrivée ici, puisque plusieurs fois madame m'a répété, en fondant en larmes : « Je suis déjà bien coupable d'être venue chez vous, mais je ne rendrai pas ma faute irréparable en trompant le meilleur... le plus généreux des hommes. » — Puis M. de Luxeuil ajoute d'un ton plein de déférence pour le libraire : — Et madame disait vrai, monsieur, en appréciant ainsi vos nobles qualités... car moi-même je les reconnais et je...

— Vous faites mon éloge, monsieur... c'est

très touchant, assurément ; mais revenons, s'il vous plaît, à la question. Selon vous, madame n'est coupable que d'une grave imprudence ?

— Certainement... voilà tout.

— Fort bien, monsieur ; mais si j'ai, moi, la conviction inébranlable que le seul acte d'être venue chez vous librement, quelles qu'aient été les suites de ce rendez-vous, déshonore madame à mes yeux, et m'oblige de lui enjoindre de sortir de ma demeure et de n'y jamais rentrer ?

— Plus d'espoir !... — murmure Francine, suffoquée par les sanglots, — tout est fini pour moi !

— Mais, monsieur, — s'écrie le jeune *beau*, — cette impitoyable sévérité de votre part... serait, permettez-moi de vous le dire, serait d'une extrême injustice.

— Ah !... vous trouvez ?

— Certainement... j'en atteste la douleur, le repentir de madame... Voyez ses larmes, et...

— Monsieur... vous admettrez, probablement que je sois seul juge de mon honneur ?

— Sans doute, monsieur... cependant...

— Je me crois, je me sens déshonoré... je me sépare de ma femme; elle reste sans ressources... que deviendra-t-elle, si vous l'abandonnez, vous, monsieur, à qui elle a tout sacrifié... honneur... position... avenir ?

M. Lambert se tournant vers sa femme :

— Écoutez encore, madame, écoutez la réponse qui va m'être faite.

— Cette réponse sera simple, monsieur, — répond M. de Luxeuil, — je vous le répète : si j'avais eu le malheur d'être cause de la perte de madame, je... remplirais mon devoir de galant homme... mais...

— Monsieur... un mot... est-ce vous qui avez sollicité madame de venir ici?

— Oui, monsieur...

— Êtes-vous l'instigateur de l'acte qui déshonore madame à mes yeux, et m'oblige de la renvoyer de chez moi?

— Pardon! monsieur! distinguons! — s'écrie M. de Luxeuil avec l'accent d'un *avocat plaidant;* — diable! distinguons... Je suis sans doute, en fait, l'instigateur de cet acte... mais, en droit... il ne dépend point de moi que vous attribuiez à cet acte une importance qu'il ne mérite point, et duquel la responsabilité ne saurait alors m'incomber... Distinguons, s'il vous plaît... distinguons!

— Malheureuse que je suis! — se disait Francine, reconnaissant, malgré son esprit borné, la sécheresse du cœur et la lâcheté de M. de Luxeuil; — c'est pour cet homme que j'ai tout sacrifié...

— Monsieur, vous eussiez été un excellent avocat, ainsi que le prouvent vos savantes distinctions entre le fait et le droit, — reprend le libraire avec un flegme sardonique. — Je ne veux même plus lutter de susceptibilités avec vous, je vous poserai donc nettement la question... et je prie madame d'être attentive : — Les liens qui m'attachent à elle sont brisés par sa faute, et surtout par la vôtre. Madame n'a plus rien à attendre de moi... Elle est orpheline... sans famille... sans ressources, sans état manuel qui la mette à même de gagner sa vie... Or, si personne n'a pitié d'elle... pas même vous, monsieur... elle tombera dans une misère affreuse, et cédera peut-être aux terribles suggestions que la dernière détresse, que la faim... entendez-vous, monsieur?... que la faim... peut inspirer à une femme jeune et belle... Voulez-vous, oui ou non, prendre l'engagement d'honneur, devant elle et devant moi, de vous charger de l'avenir de celle que vous avez perdue?

— Mais encore une fois, monsieur, je...

— Pas de phrases... Est-ce oui? est-ce non?

— Monsieur...

— Est-ce oui? est-ce non?

— Monsieur, — reprend avec hauteur M. de Luxeuil, — je n'accepte pas une question posée d'une façon voisine de l'insolence... et il ne me convient point de vous répondre.

Cet infâme roué, acculé dans son infamie par M. Lambert, espérait mettre fin à l'entretien en feignant d'être offensé dans sa dignité; car, bien que cuirassé d'égoïsme et de sordide avarice, il se sentait cruellement blessé du rôle qu'il jouait aux yeux de Francine.

Celle-ci, surmontant l'effroi que lui causaient les regards de son mari, avait relevé le front, découvert son visage, jusqu'alors voilé par son mouchoir, et contemplait M. de Luxeuil avec un mélange de douleur, d'indignation et de dégoût, en pensant qu'elle avait perdu, brisé son avenir, incurablement... outragé le plus généreux des hommes, en cédant à son amour insensé pour le fat sans cœur, sans entrailles, sans pitié, qui ne trouvait pas même un mot de compassion à lui adresser, l'abandonnait à son épouvantable destinée, dont il était l'unique auteur.

— Monsieur, — reprend le libraire, — une dernière fois je vous somme de me déclarer si vous prenez, oui ou non, l'engagement d'honneur d'assurer le sort de madame ?

— Une dernière fois, je vous réponds qu'il ne me convient pas de répondre à une pareille sommation.

— Monsieur de Luxeuil, — dit le libraire avec un accent de mépris écrasant, — vous êtes le dernier des misérables !

Et M. Lambert s'adressant à sa femme :

— Prenez mon bras... madame... et sortons.

— Monsieur, vous m'insultez ! — s'écrie le jeune beau, devenant pourpre de confusion et de rage en se voyant traité avec tant d'ignominie en présence de Francine, — vous me rendrez raison...

— Taisez-vous, monsieur de Luxeuil... vous n'avez pas le droit de me provoquer... vous n'avez pas le droit d'élever la voix... J'ai trouvé ma femme chez vous... je qualifie votre ignoble conduite comme elle doit l'être... Oui, l'homme qui, après avoir causé la perte d'une femme... l'abandonne lâchement sans pitié... à une destinée qu'il sait horrible... celui-là est le dernier des misérables...

Et laissant le jeune *beau* atterré par ses paroles vengeresses, M. Lambert sort avec sa femme, dont il soutient les pas défaillants, et regagne avec elle son logis.

XLV

M. Lambert est de retour chez lui depuis quelques instants ; il a fermé la porte extérieure de l'entresol, afin de sauvegarder de l'indiscrète curiosité de son commis l'entretien qu'il doit avoir avec Francine... Il est allé la rejoindre dans sa chambre à coucher.

La jeune femme envisage alors sa situation dans ses effrayantes réalités... elle ne doute pas que son mari soit résolu de la chasser de chez lui... Pour elle, cette expulsion, c'est l'inconnu, c'est le hasard, c'est la sinistre perspective d'une existence bien longue encore, pour être forcément vouée à la détresse, à ses dures privations ou à l'infamie, à moins que cette existence ne soit abrégée par les souffrances de la misère, ou brusquement tranchée par le suicide.

Parfois Francine songe au suicide... mais en s'avouant qu'elle se sent trop faible, trop peureuse de la mort, pour chercher dans cette extrémité la fin de ses tourments...

Que va-t-elle devenir? Demain il lui faudra quitter cette élégante demeure, où elle vivait dans le bien-être, entourée des soins, des attentions de son mari, s'efforçant, dans la limite de ses ressources, de prévenir les moindres désirs de sa femme, et n'ayant qu'un but au monde, de la voir heureuse...

Cette pensée de reconnaissance pour les bontés de son mari ne se présenta que secondairement à l'esprit de Francine, dont le sens moral était peu développé; elle devait envisager tout d'abord les conséquences matérielles du malheur dont elle était frappée; car, elle n'en doutait pas, son mari, se séparant d'elle, l'abandonnerait sans merci à la terrible destinée qu'elle s'était faite ; et quoi qu'elle eût à redouter de la juste sévérité de M. Lambert, le ressentiment de son ingratitude envers lui n'en fut pas moins sincère et navrant.

Mais ce qui portait à son comble la douleur de Francine, était cette horrible conviction : — qu'elle sacrifiait sa paisible et douce existence, le repos, le bonheur du meilleur des hommes, à un misérable qui la délaissait sans pitié, ne l'aimait pas, et ne voyait en elle que le jouet d'un caprice éphémère. Enfin, l'outrageant mépris si énergiquement infligé par le libraire à M. de Luxeuil, écrasé dans sa bassesse, redoublant le dégoût et l'aversion qu'il inspirait alors à Francine, redoublait aussi son respect pour le caractère de son mari.

— Madame, — dit le libraire à sa femme d'une voix sévère, où perçait néanmoins la pitié :—Vous avez été... vous êtes très émue... notre entretien peut se prolonger... êtes-vous en état de m'entendre... de me répondre... ou vous plaît-il que nous remettions cet entretien à ce soir ?

— Il en sera... monsieur, ce que vous voudrez.

— Je vous demande si vous vous sentez dans une position d'esprit qui vous permette de m'entendre... et de me répondre ?

— Je le crois... monsieur...

— Madame, — reprend M. Lambert, après un moment de silence, — il y a trois ans et demi... je vous ai vue pour la première fois... vous vous rappelez dans quelles circonstances ?...

— Oui, monsieur... j'étais abandonnée... par... par...

— Par celui qui vous avait séduite... presque enfant ; vous aviez à peine seize ans et demi... vous alliez devenir mère...

— Je sais... combien alors... j'étais coupable...

— Vous étiez alors... madame, moins coupable que victime... voilà pourquoi je me suis vivement intéressé à vous... Orpheline, élevée par une parente sans moralité, dont les exemples, je ne voudrais pas dire les conseils... ont été la principale cause de votre première faute... vous étiez moins à blâmer qu'à plaindre... je vous ai plainte...

— Vous avez fait plus, monsieur... j'étais mourante de chagrin et de misère... abandonnée de tout le monde... et sur le point de mettre au monde ce malheureux enfant qui n'a pas vécu... vous avez...

— J'ai simplement, en cette circonstance, accompli le devoir d'un homme de bien... Vous étiez alors... madame, je le répète, plus à plaindre qu'à blâmer... Le hasard me rapprochait de vous... je vous ai secourue... je vous ai placée dans une honorable famille d'artisans ; là vous ne pouviez recevoir que d'excellents exemples... Votre santé rétablie, je suis venu souvent vous voir... Habituée à l'oisiveté, n'ayant reçu qu'une demi-éducation, je désirais qu'afin de vous assurer des ressources pour l'avenir, vous apprissiez l'état de fleuriste qu'exerçaient la femme et la fille de l'artisan à qui je vous avais confiée. Soit étourderie, soit manque de goût pour cette profession, soit inhabitude de tout travail, votre apprentissage donnait peu de résultats...

— Je faisais pourtant de mon mieux.

— Je le crois... mais, passons... Je vous ai, pendant six mois... observée, étudiée, j'ai apprécié en vous, madame, certaines qualités réelles : la douceur du caractère, la délicatesse et la bonté du cœur... la franchise... lorsque l'on savait vous mettre en confiance... enfin une sincère reconnaissance de l'intérêt que l'on vous témoignait... Je ne m'abusais pas sur vos défauts : une grande faiblesse d'esprit, quelque vanité, une invincible tendance à la paresse, malgré votre amour du bien-être... Ces défauts, assez légers en eux-mêmes... m'ont cependant effrayé pour vous, madame... parce qu'ils suffisent à perdre une femme... lorsqu'elle est aux prises avec le besoin... Aussi vos défauts, plus encore que vos qualités, que votre jeunesse et votre beauté, à laquelle, je l'avoue, je n'étais pas insensible... vos défauts, dis-je... et j'ai le droit d'être cru... m'ont surtout inspiré le désir de vous épouser, parce que, pauvre et abandonnée comme vous l'étiez, ils pouvaient, ils devaient presque certainement vous conduire à votre perte... tandis que leur conséquence devait être facilement conjurée par ma sollicitude et par mon affection pour vous, et par la modeste aisance dont vous jouiriez lorsque vous seriez ma femme... Voilà pourquoi, madame... je vous ai proposé, il y a environ trois ans, d'unir votre sort au mien.

— Ah ! malgré mes torts inexcusables... je n'ai jamais oublié, monsieur... je n'oublierai jamais... votre bonté... votre générosité...

— Oui, madame, je me suis montré bon et généreux en vous épousant... Je n'avais été qu'humain en vous sauvant de l'abandon et de la détresse, alors que vous étiez au moment de devenir mère... Mais si je rappelle le passé à votre souvenir... ce n'est pas, soyez-en assurée, madame, afin de me glorifier de ma bonté !...

— Je n'en doute pas... monsieur... car bien souvent depuis notre mariage, lorsque je vous parlais de ma reconnaissance... vous me répondiez...

— ... Que vous vous étiez acquittée envers moi par le bonheur que je vous devais en ce temps-là... — répond M. Lambert avec une émotion contenue. — C'est vrai... pendant trois ans... je n'ai eu que d'insignifiants reproches à vous adresser... je vous aurai dû... les trois plus heureuses années de ma vie...

Le libraire, dont la voix s'est légèrement altérée, la raffermit et poursuit ainsi :

— Lorsque je vous ai offert de vous épouser, madame, je vous ai dit ceci : — « J'ai
» plus que deux fois votre âge, mes goûts
» sont studieux, j'aime la retraite, je ne fré-
» quente pas la société de mes confrères, ni
» celle d'autres commerçants : j'aime mon
» chez moi, dont je sors rarement... Si vous
» m'épousez, Francine, il faut vous résigner
» d'avance à une vie retirée, sans autre dis-
» traction que des promenades à la campagne
» les jours de fêtes où mon magasin est
» fermé, ou quelques parties de spectacle de
» temps à autre... Vous devrez presque tou-
» jours rester au comptoir, et vous mettre
» assez au fait des principales notions de
» mon commerce, pour pouvoir répondre à
» mes clients, si je suis absent... veiller enfin
» sur les détails du ménage... Cette existence
» est sans doute bien monotone, mais si vous
» vous y résignez, je tâcherai de vous la
» rendre supportable par mon affection, mes
» soins, mes prévenances, et une tendresse
» paternelle... pour vous, car je suis d'âge à
» être votre père... mon enfant... Vous ne

» pouvez ressentir d'amour pour moi ; ma
» chambre sera séparée de la vôtre, où vous
» serez maîtresse absolue ; maintenant, Fran-
» cine... réfléchissez mûrement à mes offres,
» je vous connais assez à cette heure pour
» être convaincu que si vous les acceptez...
» vous avez la ferme intention de vous con-
» duire en honnête femme... Si, au contraire,
» l'existence que je vous offre de partager ne
» convient ni à vos goûts, ni à votre âge, ni
» à votre caractère... vous me l'avouerez sin-
» cèrement... je ne vous abandonnerai pas
» pour cela... tant s'en faut, car jamais vous
» n'aurez eu davantage besoin de soutien...
» Nous aviserons à chercher une profession
» qui vous plaise mieux que celle de fleuriste,
» car, songez-y bien, Francine... vous pouvez
» toujours compter sur mon appui... à la
» condition de travailler... L'oisiveté vous
» perdrait... Ainsi, réfléchissez mûrement,
» et quelle que soit votre décision... vous
» n'aurez jamais de meilleur ami que moi...»
— Telles ont été mes paroles, madame, vous
vous les rappelez sans doute ?

— Oh! oui, — répond Francine fondant
en larmes, — ces souvenirs me montrent

combien je suis coupable.. et que je n'ai à attendre de vous aucune pitié.

Le libraire continue :

— Enfin, après quelques jours de réflexion... pendant lesquels vous me l'avez avoué... preuve de franchise dont je vous ai su beaucoup de gré... vous avez d'abord hésité à vous engager... en songeant à la monotonie de l'existence que je vous offrais... puis, surmontant cette hésitation en considérant les garanties de repos et de sécurité que notre mariage vous offrait pour l'avenir, et cédant aussi à un sentiment de gratitude et d'attachement pour moi... m'avez-vous dit...

— Oh ! je vous le jure... c'était la vérité... c'était bien vrai...

— Je l'ai cru, je le crois encore, parce que votre cœur était bon et que je méritais votre attachement... Nous nous sommes donc mariés, madame, et, je le répète, vous avez tenu tout ce que j'attendais... plus même que je ne devais attendre de votre part, et je n'ai eu qu'à me féliciter de notre union... jusqu'à aujourd'hui... Ce disant, M. Lambert, très ému, garde un moment le silence.

XLVI

M. Lambert, vaincu par ses sensations intimes ; d'autant plus profondes qu'elles étaient contenues, fut obligé de s'interrompre un instant, après avoir rappelé à sa femme un passé qui redoublait en elle les remords de sa conduite présente...

Peut-être le lecteur a-t-il remarqué un mot de M. Lambert, mot singulièrement caractéristique à l'endroit de l'excellence de son

cœur et de la rare intuition de son esprit...
ou plutôt de la rare pénétration de sa bonté,
car une pareille sagacité procède, non de l'esprit, mais de l'âme...

De même que M. Lambert avait dit de son
commis :

— Il est si curieux, si bavard, si insupportable, que je ne le chasse pas... parce
que personne autre que moi ne le supporterait, et qu'il resterait sans place, le misérable;

De même, dans un autre ordre d'idées,
mais toujours empreintes d'une intelligente
et adorable commisération, M. Lambert avait
dit de Francine :

— C'est moins sa jeunesse, sa beauté, ses
qualités... que ses *défauts* qui m'ont inspiré
le désir de l'épouser... parce que ses défauts
la conduiraient infailliblement à sa perte, si
elle était livrée aux suggestions de l'abandon
et de la misère... tandis que, devenue ma
femme, je neutraliserai les conséquences de
ces défauts par mes soins, ma sollicitude et
ma tendresse...

Et cela était vrai.

Oui, M. Lambert avait épousé Francine,

dans l'espoir, presque certain, de sauvegarder cette pauvre créature des funestes conséquences de ces défauts qui perdent tant de femmes : — *La faiblesse de caractère,* — *la vanité,* — *la tendance à l'oisiveté, malgré le goût du bien-être, lorsqu'elles sont pauvres.*

Or, par l'une de ces fatalités, rude et austère épreuve qui retrempe les grands cœurs au lieu d'altérer leur fermeté dans le bien,— deux de ces défauts, dont M. Lambert avait espéré de conjurer les funestes conséquences, — *la faiblesse de caractère...* et *la vanité,* — avaient rendu Francine accessible aux séductions de M. de Luxeuil.

La vanité de voir à ses pieds, à elle, obscure boutiquière, cet élégant et beau jeune homme, dont raffolaient tant de grandes dames ;

La faiblesse de caractère, qui n'avait pas permis à cette infortunée de résister à une tentation mauvaise, et de triompher ainsi dans cette lutte ouverte entre ses devoirs et son penchant coupable.

— Mais, — dira-t-on : — Tête à tête avec M. de Luxeuil, la voix de ses devoirs, la conscience de sa funeste démarche, ont sauvegardé Francine d'un entraînement plus criminel encore que cette démarche ?

— Oui... Mais, hélas ! malgré ce premier mouvement de crainte, malgré ces remords, communs à toute femme non encore dépravée... lors de son premier rendez-vous... Francine, troublée, éperdue, amoureuse, aurait-elle eu le courage de rester insensible aux ardentes prières de son séducteur... à ses protestations passionnées ?... serait-elle restée pure sans l'arrivée inattendue de son mari ? Non ! cela est presque certain..... Aussi M. Lambert qui, dans la droiture et l'inflexible rigidité de ses principes, ne pouvait ni admettre ni comprendre les perverses et abominables distinctions des casuistes, regardait-il et devait-il, avec raison, regarder son déshonneur consommé par le fait seul de la présence de sa femme chez son séducteur.

Madame Lambert, en proie à une anxiété affreuse, voyait avec terreur s'approcher la solution de cet entretien.

Naguère encore, et devant M. de Luxeuil qu'il interpellait sur ce qu'il comptait faire pour l'avenir de la femme qu'il venait de perdre, M. Lambert n'avait-il pas déclaré — qu'il la chasserait de chez lui et l'abandonnerait sans ressources à la merci de sa destinée ?— Or, malgré sa générosité naturelle... il devait être à bon droit si ulcéré, si outragé, que l'infortunée n'espérait, ne pouvait espérer de pardon... L'accent de son mari, son attitude, sa physionomie... empreints de la sévérité d'un juge... ne témoignaient d'aucun attendrissement... il semblait trop souffrir, pour être, à cette heure, accessible à la pitié...

M. Lambert, après quelques minutes de recueillement douloureux, poursuivit ainsi :

— Je vous ai en quelques mots, madame, rappelé le passé, non, je vous le répète, afin de glorifier ma générosité envers vous... mais afin de vous prouver que, malgré votre conduite d'aujourd'hui, je n'oublie pas ce que vous avez été pour moi... pendant trois ans... durant lesquels... je n'ai eu qu'à me louer de vous... Mais avant de vous faire connaître ma résolution... je dois vous apprendre quelques conséquences de cette funeste journée. J'étais parti pour aller au château de Stains ; la vente de la bibliothèque était ajournée... je reviens ici... je ne vous trouve pas au magasin... Je demande à Juliette où vous êtes ; elle me répond qu'elle l'ignore, que vous n'êtes pas à l'entresol, d'où elle descend, mais que vous n'avez pas quitté la maison, n'ayant pris chez vous ni châle ni chapeau... Votre absence singulière m'étonne d'abord, puis certains souvenirs me reviennent à l'esprit vous saviez que je devais m'absenter jusqu'au soir... Vous vous étiez parée dès le matin avec une élégance inaccoutumée ; vous sembliez absorbée, distraite... enfin de vagues et pénibles pressentiments me serraient déjà le cœur... lorsque soudain je me rappelle que vous m'avez demandé avec instance d'aller visiter nos caisses de livres renfermées au grenier. Cette pensée m'allége d'un grand poids... et cependant, en réfléchissant à votre insistance obstinée pour vous occuper d'un soin que vous n'aviez jamais pris jusqu'alors... je ne sais quel doute vint encore m'assaillir... Voulant le dissiper ou le confirmer, je me hâte de monter au grenier. La porte en était fermée... Je frappe, j'écoute ; rien... Vous n'étiez pas là ; vous n'étiez pas non plus à l'entresol, m'avait dit Juliette... Où donc étiez-vous ?... Mes angoisses, mes soupçons augmentaient... d'autant plus cruels... que j'avais eu jusqu'alors en vous, madame, une confiance aveugle! Je redescends, voulant, dernier espoir, m'assurer si vous ne seriez pas à l'entresol.

Bien que Juliette m'eût affirmé le contraire, j'aperçois, en mettant le pied sur notre palier, notre porte entre-bâillée... et je surprends mon commis aux aguets... Mes pressentiments m'avertissent qu'il vous épiait ou vous avait épiée. Je ne songe plus qu'à dérouter ses soupçons. Ma pâleur le frappe ; il me demande si je suis indisposé... je lui réponds qu'en effet, saisi d'un grand malaise en route... je suis revenu.

Et remarquant la surprise de Francine, en l'entendant attribuer son retour imprévu à une autre cause que la cause réelle, le libraire ajoute :

— Je trompais mon commis en lui disant qu'un malaise subit me ramenait chez moi... vous saurez pourquoi j'ai dû ainsi donner le change à cet homme sur le véritable motif de mon retour. A peine étais-je entré ici que Bachelard me dit avec un accent sardonique: « — Que vous êtes montée au grenier, mais

» que probablement fatiguée en route, vous
» êtes entrée chez l'un de nos voisins du se-
» cond étage... »

— Ah! malheureuse que je suis! — s'écrie Francine, écrasée de douleur et de honte ; — ce commis est si bavard... toute la maison va savoir...

— Non, madame, personne ici ne saura rien...

— Que dites-vous?

— Écoutez, madame, lorsque mon commis m'apprit que vous étiez probablement chez notre voisin du second étage... et heureusement ce fut de la part de ce misérable une supposition et non une certitude... ses paroles furent pour moi une révélation soudaine ; je me souvins que la veille... M. de Luxeuil s'était montré assidu près de vous... que plusieurs fois il vous avait parlé à demi-voix... Insignifiantes la veille à mes yeux, en raison de ma confiance en vous (et d'ailleurs je croyais que vous rencontriez M. de Luxeuil pour la première fois), ces particularités, rapprochées de plusieurs circonstances de la journée, ne me laissèrent plus aucun doute sur mon déshonneur... Vous étiez chez cet homme, mon commis disait vrai... Poussé par sa curiosité, il vous avait sans doute épiée... Je lui tournai le dos lorsqu'il me fit cette révélation, que je ne parus pas même entendre... et il ne put heureusement lire sur mes traits tout ce que je ressentais en ce moment...

M. Lambert s'interrompt un instant, vaincu par l'émotion, puis :

— J'entrai dans votre chambre, dont je fermai la porte, et feignant alors de vous trouver chez vous, je vous interpellai très haut... simulant ensuite de répondre à des paroles que vous m'aviez adressées à voix basse, certain que mon commis m'écoutait au dehors... Il en était ainsi... Grâce à cette feinte, il est persuadé qu'il s'est trompé, que vous n'êtes pas allée chez cet homme... que vous n'avez pas quitté votre appartement. Ainsi, madame, ce secret que Bachelard pouvait seul ébruiter, restera donc entre vous, moi et M. de Luxeuil... Sa conduite odieuse et lâche, en ces circonstances, lui impose la discrétion... Ainsi, je vous l'ai dit, madame, personne ici ne saura rien de ce qui s'est passé... Votre réputation est sauve...

XLVII

Madame Lambert écoutait son mari avec une émotion croissante... La stupeur, la reconnaissance, l'admiration... et un vague rayonnement d'espoir la jetaient dans un trouble impossible à exprimer...

Quoi ! cet homme, en face d'une révélation qui ne lui laisse plus de doute sur son déshonneur, au lieu d'éclater au premier ressentiment de son injure et de ne songer qu'à la vengeance, se contient, ne songe qu'à sauvegarder la réputation de la femme qui le trahit... Il la sait à cette heure... là-haut... près de son séducteur, et dans sa commisération céleste, recourant à une feinte sublime, trait de génie de la bonté... il se montre miséricordieux jusqu'à la fin... L'épouse coupable n'aura du moins à rougir de sa honte, qu'aux yeux de celui qu'elle a mortellement offensé.

La grandeur de cet acte devait profondément impressionner Francine, malgré la faiblesse de son sens moral et le peu d'étendue de son intelligence ; elle comprit, elle sentit à quelle hauteur se plaçait son mari... Cette élévation de caractère rendait, s'il est possible, plus méprisable encore la bassesse et la turpitude de M. de Luxeuil au regard de la jeune femme, et redoublait ses remords.

Cependant, au milieu de ces abîmes de douleurs, l'infortunée crut d'abord voir un faible rayon d'espérance et se dit :

— Si mon mari était résolu à me chasser de chez lui et à m'abandonner à ma destinée, aurait-il si généreusement sauvé ma réputation ?... Quel souci en aurait-il, si demain tout devait se rompre entre nous ?

Mais, hélas ! à cette réflexion de Francine succédait celle-ci :

— Ce n'est pas seulement mon honneur... c'est le sien aussi peut-être, que mon mari a voulu sauvegarder... Il me chasse de chez lui... mais tout le monde ignorera son outrage... Je pourrai, du moins, sortir de cette maison... sans rougir devant personne... Ah! quelle qu'en soit la cause, sa générosité n'en est pas moins admirable !...

Et sous l'impression de ces sentiments divers, la jeune femme, trop émue, trop troublée pour pouvoir exprimer sa reconnaissance, tombe à genoux, les mains jointes, devant son mari, en balbutiant au milieu de sanglots étouffés :

— Oh ! vous êtes bon... vous... êtes bon... comme Dieu !

— J'ai simplement conscience des devoirs qu'envers vous j'ai contractés en vous épousant, madame... J'ai juré en mon âme en conscience de vous accorder aide et protection... je vous dois et je vous accorderai aide et protection... jusqu'à la fin... Je suis honnête homme... votre outrage ne me délie pas de mon serment... — répond M. Lambert avec une admirable simplicité; puis se courbant vers sa femme : — Relevez-vous... madame, relevez-vous...

Ces paroles d'une si touchante dignité : — « En vous épousant, je vous ai promis aide et » protection jusqu'à la fin ; votre outrage ne » me délie pas de mon serment, » — ces paroles ne laissent plus aucun doute dans l'esprit de Francine... son mari ne l'abandonnera pas à son sort sans merci ni pitié...

L'infortunée, dans l'expansion de sa gratitude, saisit une des mains du libraire, et la couvre de pleurs et de baisers...

Les traits de M. Lambert expriment une douleur navrante... une larme roule dans yeux... puis se dominant, et d'une voix ferme :

— Relevez-vous... madame... et veuillez m'écouter.

Francine se relève, se rasseoit ; le libraire continue ainsi :

— Je vous l'ai dit, madame, mon commis vous croyant enfermée avec moi, m'a entendu élever la voix, et vous adresser quelques reproches assez insignifiants auxquels vous avez paru répondre par des larmes... ainsi s'expliquera, lors du retour de cet homme, la rougeur de vos yeux... de même que l'altération de mes traits s'expliquera par la prétendue indisposition que j'ai éprouvée en route... Il fallait tout prévoir pour complètement dérouter les soupçons de cet argus de notre foyer... Je crois... j'espère avoir tout prévu...

— Mon Dieu !... dans un tel moment... et irrité contre moi... comme il devait l'être... il a pu conserver une telle présence d'esprit !... — murmure Francine avec la stupeur de l'admiration, tandis que le libraire poursuit ainsi :

— Votre réputation, madame, est donc et sera sauve... il me reste maintenant deux partis à prendre... puis vous choisirez... Je suis, je l'espère... assez connu de vous, madame... pour que vous ayez compris sans doute, qu'en déclarant à M. de Luxeuil... que je vous renverrais de chez moi en vous abandonnant à la misère... je voulais seulement mettre à l'épreuve... *l'amour*... que cet homme prétendait ressentir pour vous... et vous donner ainsi... une leçon .. malheureusement trop tardive...

— Ma conduite envers vous... était telle...

monsieur... que j'ai cru... je vous l'avoue... à cet abandon... mérité.

— Vous m'avez mal jugé, madame... je le regrette... J'ai, je vous le répète, en vous épousant, contracté en mon âme et conscience un engagement sacré pour tout honnête homme... l'engagement de vous protéger... A cet engagement je manquerais indignement si je vous délaissais sans ressource; car, telle que je vous connais... surtout *maintenant*... — ceci n'est pas un reproche... vous n'en entendrez pas un seul sortir de mes lèvres... je constate simplement un fait, et je dois le constater en raison de ses conséquences pour l'avenir... — Vous abandonner sans ressources à votre âge, douée des avantages extérieurs que vous possédez, ce serait de ma part vous livrer sciemment à l'infamie...

— Ah! monsieur...

— Je n'exagère pas... je connais, madame, la faiblesse de votre caractère, votre vanité, votre tendance à l'oisiveté... au bien-être... Vous ne sauriez, vous dis-je, belle et jeune, résister aux terribles suggestions de la détresse...

— Jamais!... oh! jamais!... j'aimerais mieux mourir... que de m'avilir...

— Ces paroles, vous les prononcez sincèrement, madame... je le crois... et cependant... n'avez-vous, sans vous parler de votre première faute... — et vous méritiez alors plus de pitié que de blâme... — n'avez-vous pas... — et encore une fois, ce n'est pas un reproche de ma part... c'est un fait que j'invoque... — n'avez-vous pas, vivant dans l'aisance, n'ayant au point de vue de votre condition rien à désirer... n'avez-vous pas aujourd'hui, uniquement par l'attrait... d'un amour coupable, oublié vos devoirs ?... Que serait-ce donc grand Dieu !... si délaissée de tous... incapable de travailler... réduite à une affreuse détresse... vous...

Et s'interrompant en frissonnant, M. Lambert ajoute :

— Je vous dis, madame, qu'à la seule pensée... de ce que vous deviendriez face à face avec la misère, je suis épouvanté...

Francine, atterrée, baisse la tête avec accablement, elle sent la vérité des horribles paroles de son mari.

Celui-ci continue :

— Le premier des deux partis qu'il me reste à prendre, madame, est donc de tâcher, j'espère y parvenir, de trouver, non à Paris, lieu trop dangereux pour vous, mais en Touraine, à Beaugency, petite ville où je suis né, où j'ai conservé quelques relations, de trouver, dis-je, une honnête famille qui consente à vous prendre en pension... Vivant ainsi au milieu de personnes de mœurs simples et pures, dans une petite ville peu fréquentée, vous auriez, je le crois, là moins que partout ailleurs, l'occasion de faillir... Je dirais à ces personnes que j'ai toujours pour vous la plus tendre affection... mais que, malgré vos apparences de bonne santé, l'air de Paris et l'espèce de claustration que vous impose la nécessité de mon commerce, vous sont nuisibles et que, malgré le regret que me cause notre séparation, je m'y résigne... parce qu'elle est indispensable... Je mettrais chaque mois à votre disposition une somme susante à votre entretien... rien du moins ne vour manquerait.

— Que de bontés... mon Dieu!... — murmure Francine en sanglotant, — que d'indulgence!... que de miséricorde!...

— J'accomplis mon devoir... madame, et rien de plus.

— Et...— ajoute Francine d'une voix craintive et désolée, — je ne... vous verrais... plus jamais?...

— Vous me verriez presque chaque dimanche, madame ; le chemin de fer d'Orléans rend cette excursion facile, et...

— Quoi ! vous consentiriez à me revoir... — s'écrie Francine joignant les mains dans un élan d'espoir ineffable ; — tout ne serait pas rompu entre nous ?...

— Je *dois*... vous revoir pour deux raisons, madame... La première est qu'il paraîtrait inexplicable aux personnes chez lesquelles je vous placerais... que, malgré mon attachement pour vous, je vous laissasse dans une sorte d'abandon... Cette conduite de ma part pourrait éveiller quelques soupçons fâcheux à votre égard.

— Ah ! monsieur... comment jamais reconnaître...

— La seconde raison qui m'oblige à vous voir souvent, madame, m'est imposée par mon devoir... je *dois* veiller sur vous... m'efforcer, par mes conseils... par la voix de la raison, de vous ramener dans la voie du bien, et vous préserver, si je le puis, de nouvelles fautes, de vous réconcilier enfin avec vous-même, si toutefois mon influence sur vous peut obtenir ce résultat... Sinon... si vous trompiez ma dernière espérance... madame... j'aviserais autrement... Qu'aviserais je alors?... je l'ignore en ce moment... mais je vous le répète, madame, j'ai envers vous... *charge d'âme...* cette mission sacrée, je la remplirai... jusqu'à la fin.

Francine, devant tant de mansuétude, de droiture et de dévouement, devant cette conscience si profonde du DEVOIR, manifestée par son mari avec une si touchante simplicité, ne trouve pas une parole... Son cœur se déchire en songeant aux trésors d'affection qu'elle a sacrifiés... à qui?... à M. de Luxeuil !

XLVIII

Le désespoir de Francine était d'autant plus douloureux, qu'ainsi que le lui avait dit M. Lambert : — Aucun reproche ne s'échappait de ses lèvres. — Il contenait, — non son courroux, non son indignation, cette grande âme ne pouvait, dans les circonstances actuelles, éprouver ces ressentiments ; — il contenait ses douleurs atroces ! Sa voix n'était ni rude, ni menaçante ; elle était grave, pénétrante et empreinte d'une résignation austère. Il poursuivit ainsi :

— Tel est donc, madame, le premier parti que j'ai à prendre, et, si je ne consultais que mes vœux, je m'arrêterais à ce parti.

— Qui vous... empêche... donc... de le prendre ?...

— Votre intérêt, madame. Veuillez écouter encore... Le second parti est celui-ci... vous garder près de moi...

Francine, frappée de stupeur, regarde d'abord son mari en silence ; elle ne peut croire à ce qu'elle entend, puis elle s'écrie d'une voix palpitante :

— Quoi ! vous daigneriez me permettre de rester près de vous ?

— Oui, madame... mais, je ne veux... je ne dois vous laisser aucune illusion au sujet de l'existence qui sera la vôtre... si vous restez ici.

— Ah ! quelle qu'elle soit... je vous le jure, André, oui... quelle qu'elle soit... je m'y résigne d'avance ! — s'écrie Francine, les mains tendues et suppliantes vers son mari, et cédant à ce qu'il y avait en elle de foncièrement bon, malgré sa faiblesse. — Ah ! dussé-je endurer chaque jour votre colère... vos justes mépris... je les subirai sans me plaindre... je les mérite... et je bénirai votre clémence.

— Vous aurez à endurer... pire que mon mépris et ma colère...

— Quoi donc !... grand Dieu !

— Le spectacle de mon chagrin... madame...

Et M. Lambert, malgré sa force de caractère, malgré son empire sur lui-même, ne peut retenir de grosses larmes ; elles coulent sur ses joues pâlies.

Ces pleurs, arrachés à son mari par l'intensité de sa souffrance interne, portent à son comble le désespoir de Francine ; presque égarée, elle s'écrie en se tordant les bras :

— Ah ! qu'ai-je fait ?... Malheur à moi !... malheur à moi !... Hélas ! il n'est que trop vrai... la vue de votre chagrin, dont je suis cause, sera mon plus cruel châtiment... je le sens bien... en vous voyant pleurer...

Le libraire domine son émotion, essuie ses larmes, et reprend d'une voix raffermie :

— Je dois, madame, vous montrer, tel qu'il sera, l'avenir qui nous est réservé. Je vous ai dit sincèrement, avant de vous épouser, quelle serait notre vie... Une égale sincérité m'est aujourd'hui commandée... Notre existence, nos relations resteront, en apparence, du moins, ce qu'elles étaient... Je ne vous adresserai jamais de reproches...

— Hélas ! ceux que je m'adresserai seront plus pénibles que ceux que vous pourriez me faire...

— Lorsque nous serons seuls, je continuerai de vous donner les conseils que je vous ai toujours donnés... lorsque je m'efforçais de vous convaincre que la vraie sagesse consistait à accepter résolûment notre sort... quels que soient les renoncements, les privations qu'il nous impose ; qu'il nous falfait accomplir nos devoirs avec courage ; jamais dévier du droit chemin... parce que le moindre écart... nous jetait presque toujours dans des abîmes de maux.

— Ah ! si je les avais suivis, ces conseils si bons, si paternels, je ne serais pas où j'en suis à cette heure !...

— Non !... car je vous l'ai dit bien souvent, madame, si on faisait au juste et au bien quelques-uns des sacrifices, cruels parfois et irréparables, que l'on fait au mal, notre vie serait aussi paisible qu'elle est souvent tourmentée...

— Quelle vérité! mon Dieu! — répond ingénuement Francine. — Il m'eût été si facile de ne pas faire mon malheur et le vôtre, André!... Vous parlez de ce que j'aurais à endurer du spectacle de votre chagrin... si vous me permettez de rester près de vous... Ah! c'est à moi de craindre de vous importuner par ma douleur, par mes remords, hélas!... sans cesse ils vous rappelleraient ma honte, mon ingratitude envers vous... Aussi peut-être vaut-il mieux nous séparer... ma présence ici vous rendrait trop malheureux.

— Aussi, vous le disais-je, madame, si je consultais uniquement mes vœux, je préférerais le premier des deux partis que je vous vous propose... Mais je crois que, dans votre intérêt, et vu la faiblesse de votre caractère, il est à désirer que vous demeuriez ici. Mais, songez-y bien... vous aurez beaucoup à souffrir sans doute; ma sollicitude pour vous, loin de s'affaiblir, s'accroîtra, car jamais ma tutélaire protection ne vous aura été plus nécessaire; mais ma confiance en vous aura disparu... La confiance! qui rendait nos relations si sereines et si douces, pour moi, du moins... Il me faudra douter de vos paroles, de vos regards, douter de toutes vos apparences... Ces doutes, je ne vous les exprimerai pas, mais vous les sentirez, madame .. et ils vous seront un supplice de chaque instant... Ils glaceront nos rapports habituels, et, dans l'uniformité de notre vie retirée, sans distractions, sans plaisirs, cette froideur glaciale vous enveloppera... vous pèsera comme un linceul de plomb !...

— Ah ! s'il ne s'agit que de moi, n'ayez pas cette crainte, André... le bonheur de rester près de vous me ferait tout supporter...

— Vous vous abusez, madame... vous cédez aux illusions de votre âge... il ne faut pas juger d'après nos impressions actuelles celles de l'avenir... Non! nous éprouvons à cette heure la fièvre de la douleur; cette agitation fiévreuse nous donne une force factice; mais, lorsqu'elle nous manquera... mais, lorsque demain, et plus tard, et toujours, nous serons face à face l'un de l'autre, mornes, accablés... ah ! c'est alors que nous ressentirons, dans la plénitude de sa cruauté, le contre-coup du malheur qui nous frappe.

— Mon Dieu! mon Dieu! c'est affreux! — balbutie Francine, effrayée à la pensée d'un pareil avenir. — Ainsi... cette confiance que vous aviez en moi... André... je l'ai perdue, perdue pour toujours?... Pour toujours!... vous ne me la rendrez plus?...

— Je l'ignore, madame... La confiance ne se commande pas... elle se gagne...

— Mon Dieu!... si je pouvais espérer!... Mais, non... quoique je fasse... vous vous ne devrez plus croire en moi...

— Il ne faut jamais, madame, fermer la porte à l'espérance... Cette croyance en vous, à laquelle j'ai dû les trois meilleures années de ma vie... parce que je vous croyais... heureuse... ou plutôt satisfaite de votre modeste condition... cette croyance en vous, peut-être un jour me l'inspirerez-vous de nouveau... mais...

— Vous en doutez?... hélas!...

— A cette heure... oui, j'en doute... parce que, en ce moment, il se peut que l'âcreté du chagrin me rende injuste... envers vous...

— Injuste!... vous, André... vous, dont la divine bonté...

— Je dis injuste, en cela, madame, que, persuadé de la sincérité de votre repentir, je ne le crois pas devoir être aussi durable qu'il le sera peut-être réellement.

— Grand Dieu! vous me supposeriez capable de commettre plus tard une nouvelle faute!...

— Je le crains... parce que je n'ai plus confiance en vous, madame... voilà pourquoi je vous dis : La perte de cette confiance doit être pour vous et pour moi... un long supplice... Et il commence, puisque je vous accuse à tort... si vous devez persister dans vos bonnes résolutions...

— Mais si j'y persiste, André!... si je vous prouve... par tous les actes de ma vie, que mon repentir est durable... que je n'ai qu'une seule pensée au monde : Expier le passé!... me le pardonnerez-vous?...

— Je vous ai pardonné, madame...

— Il est vrai... mais, enfin, me rendrez-vous votre confiance... oublierez-vous le passé?...

— Il est impossible d'oublier le passé, madame; et, dussiez-vous un jour regagner ma confiance, ce jour funeste pèsera toujours douloureusement sur notre destinée... C'est la fatalité du mal... Un instant d'égarement suffit à empoisonner la vie... il y aura toujours eu dans la nôtre... un moment affreux, que rien ne pourra jamais effacer de notre souvenir et de notre cœur !... si longue que sera notre vie... et, dussions-nous revenir, plus tard, à une confiance mutuelle : Ah ! je le sens... cette plaie, pour moi du moins, est incurable, — ajoute M. Lambert avec un accent d'inexprimable tristesse. — Et maintenant, madame... vous réfléchirez... vous choisirez celui des deux partis que je vous ai proposé...

— Ah ! mon choix est fait, André... Rester avec vous, si vous le permettez, ce serait combler mes désirs, mon espoir.

Cette résolution est trop grave pour être prise ainsi sous la première impression d'un sentiment dont j'apprécie la noblesse, mais dont la soudaineté est à craindre... Lorsque votre pénible agitation sera calmée, vous réfléchirez à loisir, madame, à tout ce que je vous ai dit au sujet de votre désir de demeurer près de moi ; peut-être alors changerez-vous d'avis... mais...

Le libraire s'interrompt au bruit du tintement de la sonnette extérieure, et ajoute :

—C'est sans doute mon commis qui revient. Tâchez, madame, afin de dérouter ses soupçons, de prendre quelque empire sur vous-même... Il est d'ailleurs convenu... que mon retour chez moi, et l'altération de mes traits, ont eu pour cause une assez grave indisposition...

Ce disant, le libraire laisse sa femme dans la chambre à coucher, afin d'aller ouvrir la porte extérieure de l'entresol.

XLIX

M. Lambert ayant ouvert la porte de son appartement, fut surpris de voir Sylvia. La visite dont il eût été si heureux et si flatté en d'autres circonstances, lui semblait regrettable, parce qu'il songeait à l'abattement de sa femme, sans doute incapable de dissimuler son chagrin, ses larmes, en présence de Sylvia. Faisant néanmoins bonne contenance, il résolut d'accueillir de son mieux la jeune femme, et lui dit en l'introduisant dans le salon :

— Je suis vraiment confus de vos bontés, madame, je n'osais espérer vous voir remplir si tôt la promesse dont vous nous aviez hier honorés, ma femme et moi...

— J'attendais trop de plaisir de cette visite pour la retarder, mon cher monsieur Lambert... et je...

Puis, s'interrompant et regardant le libraire avec un étonnement mêlé d'intérêt, Sylvia reprend :

— Mon Dieu! comme vous êtes pâle!... seriez-vous souffrant?

— Hélas! madame, j'ai un cruel aveu à vous faire, — reprend le libraire, s'efforçant de sourire, — vous arrivez justement au milieu d'une terrible querelle de ménage.

— Une querelle entre vous et votre chère femme?... est-ce possible?

— Je me hâte d'ajouter, madame, que cette querelle n'a pas causé l'altération de mes traits... Voici le fait. Mais, en vérité, madame, j'abuse de vos moments.

— De grâce, continuez.

— J'étais allé à Stains, où je devais assister à la vente d'une bibliothèque... J'ai ressenti en route un tel malaise, que je suis revenu ici. Je souffrais beaucoup... la souffrance m'a rendu irritable... et à propos d'un rien, j'ai rudoyé ma femme.

— Ah! monsieur Lambert!

— J'oserai dire que les brusqueries sont tellement peu dans mes habitudes, qu'elles n'en ont été malheureusement que plus sensibles à Francine. Elle s'est mise à fondre en larmes... ces larmes, en me donnant conscience de ma dureté, devaient m'irriter contre moi-même ; le contraire a eu lieu : c'est contre ma pauvre femme que je me suis emporté ; d'où il suit qu'à cette heure, ma victime, — ajoute le libraire, s'efforçant de sourire encore, — ma victime est là, dans sa chambre, en proie à une véritable affliction.

— Vous me permettrez alors d'aller consoler Francine, et surtout de faire votre paix avec elle...

— En vérité, madame, cette pauvre enfant est, vous le savez, si timide... que je crains...

— Rassurez-vous, monsieur Lambert, je ne lui ferai pas peur... vous verrez... puis elle me saura gré, j'en suis certaine, de lui venir en aide pour un raccommodement qu'elle désire si vivement, sans doute...

— Madame... je...

— Ai-je besoin d'ajouter que si ma démarche vous semble le moins du monde indiscrète, il ne faut attribuer cette indiscrétion qu'à l'intérêt que m'inspire madame Lambert... et que, si vous pensez que ma présence puisse la contrarier, je reviendrai vous voir un autre jour...

— Loin de là, madame, je ne doute pas que ma femme soit au contraire très touchée de cette nouvelle preuve de vos bontés, — répond le libraire, craignant par un refus prolongé d'éveiller les soupçons de Sylvia, au sujet du vrai motif de cette prétendue querelle de ménage ; — je vous demande seulement grâce d'avance pour l'émotion de Francine.

Le libraire, précédant la jeune femme dans la chambre de madame Lambert, dit à celle-ci en accompagnant ses paroles d'un regard expressif :

— Ma chère enfant... j'ai avoué à madame que, rendu très irritable par le malaise dont je souffrais tantôt en rentrant, je vous ai, à mon grand regret, rudoyée pour un motif très frivole... Madame Wolfrang veut absolument faire ma paix avec vous... Vous serez, comme moi, sensible à ce nouveau témoignage de la bienveillance de madame envers nous.

Francine, naturellement timide, est tout à fait décontenancée par la présence de Sylvia, et peut à peine balbutier quelques mots presque inintelligibles.

— Excusez-moi, chère madame, d'avoir insisté afin de vous voir en ce moment; mais M. Lambert m'ayant appris la cause de votre gros chagrin, — ajoute Sylvia avec un demi-sourire, — j'ai pensé que peut-être vous voudriez bien accepter mon intervention à propos de cette si terrible querelle de ménage...

Mais Sylvia, ensuite de cette innocente plaisanterie, remarquant le tressaillement douloureux de Francine qui pensait qu'hélas! bien *terrible* effet était en cette querelle de ménage, Sylvia, redevenue sérieuse, continue d'un accent pénétré :

— Pardon... pardon, chère madame... je

ne dois pas parler légèrement de la peine très réelle, après tout, dont vous souffrez... car, dans une vie aussi heureuse que la vôtre, les moindres contrariétés prennent les proportions de véritables afflictions. Puis, oubliant en ce moment la révélation que lui avait faite la veille Wolfrang, au sujet du rendez-vous accordé par Francine à M. de Luxeuil, et croyant qu'il ne s'agissait en effet que d'une insignifiante querelle de ménage entre M. Lambert et sa femme, Sylvia, voulant distraire et égayer Francine, ajoute en souriant : — J'étais d'autant plus coupable de paraître ne pas prendre au sérieux votre gros chagrin, ma chère madame Lambert, que j'en conviens, à la honte de mon entendement, je me suis toujours trouvée en révolte ouverte contre les idées reçues au sujet de deux personnages voués à jamais, selon moi, à d'injustes plaisanteries... et d'abord cet infortuné sybarite que le pli d'une rose ferait souffrir... Car enfin, qu'importe le motif de la douleur? Fût-il le plus futile du monde, dès que la douleur est réelle, n'a-t-elle pas droit à la compassion?... Qu'en pensez-vous, monsieur Lambert?

— En effet, madame... la douleur est relative... — répond le libraire, s'efforçant de soutenir la conversation, ce dont il voyait Francine absolument incapable, le ton enjoué que prenait l'entretien avivant encore, si possible, les tourments dont elle était poignée. — Mais, répond M. Lambert, — quel est, de grâce, madame, cet autre personnage dont vous prenez la défense contre les idées reçues ?

C'est le digne et honnête ours des fables de La Fontaine, lequel ours, veillant avec une sollicitude attentive sur son maître endormi, et voulant le délivrer d'une mouche importune, ne trouve rien de plus expédient dans sa bonhomie oursine, que de prendre entre ses grottes pattes un pavé. Or, qu'est-ce qu'un pavé pour un ours? Un éventail pour nous. Et il me semble le voir, l'œil vigilant, la respiration suspendue, laissant tomber bien délicatement ce pavé sur le nez de son maître, afin d'écraser cette mouche impertinente... Hé bien ! oui, je l'avoue, je me révolte contre les méchants railleurs qui accablent de quolibets ce lourdaud, cet imbécille, ce brutal, selon leur jugement, tandis que suivant moi, la pauvre bête a fait de son mieux, selon les bornes de sa pauvre intelligence, et il... il a témoigné comme il a pu son affection pour son maître.

Et Sylvia, s'adressant à Francine toujours silencieuse et accablée, lui dit avec un touchant sourire :

La morale de la fable condamne les *maladresses de l'amitié*... Peut-être en ce moment je commets l'une de ces maladresses, en intervenant dans vos chagrins, ma chère madame Lambert. S'il en était ainsi, ayez pour moi, en raison du motif qui me guide, un peu de cette indulgence que je ressens pour le pauvre ours dont j'ai pris la défense.

— Ah! madame, je vous suis au contraire bien reconnaissante de vos bontés, — répond Francine subissant malgré son désespoir, le charme de l'esprit de Sylvia. — Mais vous l'avez dit, madame, dans une vie aussi heureuse... que la mienne... la moindre contrariété devient, vous le voyez... un grand chagrin.

— Grâce à Dieu, ce chagrin va cesser, puisque notre ami M. Lambert, regrettant ses torts... les premiers... les seuls... j'en répondrais, qu'il ait à se reprocher à votre égard... les avoue, et ne demande, n'attend que son pardon, pour faire la paix. N'est-il pas vrai, monsieur Lambert?

— Oui, madame, — répond le libraire, se dominant ; puis, ayant hâte de mettre fin à ce navrant quiproquo, dont chaque parole est un coup de poignard pour sa femme, et s'adressant à celle-ci avec un sourire, — quel sourire, grand Dieu ! — il lui dit d'une voix affectueuse :

— Pardonnez la vivacité dont tantôt j'ai fait preuve, chère enfant, et qui n'a d'autre excuse que l'impatience du malaise que j'éprouvais.

Et tendant la main à Francine, M. Lambert ajoute :

— Faisons la paix... que tout soit oublié !

— Que tout soit oublié, mon ami ; mais ce que je n'oublierai jamais, ce sont vos bontés pour moi, — balbutie Francine osant à peine serrer entre ses mains celles de son mari.

L'on comprend la torture de cette infortunée. L'accent affectueux et paternel de son mari la navrait, lui rappelant un heureux passé à jamais détruit .. et cette feinte réconciliation, raillerie sanglante de son destin, déchirait le cœur de Francine, et lui rendait la réalité plus horrible encore.

Sylvia, remarquant avec une surprise croissante que la réconciliation des deux époux, loin d'éclaircir la physionomie de madame Lambert, semblait au contraire l'assombrir encore, se rappelle seulement alors la révélation de Wolfrang au sujet du rendez-vous accordé par madame Lambert à M. de Luxeuil. Aussi, ne pouvant croire qu'une légère querelle de ménage, terminée d'ailleurs par le pardon de Francine, pût la bouleverser à ce point, Sylvia devina bientôt une partie de la vérité, sentit combien en ce cas sa présence devenait importune aux deux époux, et elle allait mettre fin à sa visite, afin d'aller selon sa promesse rejoindre Antonine Jourdan, lorsque soudain l'on frapper à la porte de la chambre à coucher, M. Lambert va l'ouvrir et se trouve en face de Wolfrang qui, pâle et profondément attristé, lui dit d'une voix altérée :

— Pardon de vous déranger, mon cher monsieur Lambert, Sylvia n'est-elle pas chez vous ?

— Oui, monsieur, — répond le libraire, introduisant dans la chambre Wolfrang... mais aussitôt Sylvia, frappée de l'émotion qu'il dissimule à peine, lui dit vivement :

— Mon Dieu ! qu'avez-vous... mon ami ?... vous semblez très chagrin ?

— J'ai à vous apprendre un malheur... Sylvia... un grand malheur !...

— De grâce, achevez...

— Ah ! monsieur Lambert, — reprend Wolfrang, — votre commis, par son stupide bavardage, plus que par une méchanceté calculée, je le crois, a été cause d'un évènement affreux !

— Expliquez-vous, monsieur, je vous prie, répond le libraire interdit, en songeant à la cruelle révélation qu'il devait à l'espionnage de Bachelard, — lorsqu'à ce moment même, le commis, de retour de sa course, frappe extérieurement à la porte, en disant :

— C'est moi, patron ; j'ai fait la commission... j'ai vu M. le docteur... il ne peut venir que ce soir à huit heures.

— Monsieur Lambert, — dit vivement Wolfrang, — faites entrer ce malheureux... la leçon sera terrible... peut-être lui profitera-t-elle !

M. Lambert qui n'a que trop à se plaindre personnellement de son commis, le fait entrer dans la chambre.

Bachelard, d'abord surpris, devient inquiet du silence de tous les personnages qui ont les yeux fixés sur lui :

— Hier... — dit sévèrement Wolfrang au commis, — un sous-officier vous a demandé si mademoiselle Jourdan demeurait ici... vous avez, de la façon la plus odieuse, calomnié cette estimable jeune personne ; le militaire à qui elle était fiancée a malheureusement ajouté foi à vos calomnies, vous avez été cause de l'éclat scandaleux qui, hier soir, a eu lieu chez moi.

— Monsieur... — répond Bachelard abasourdi, et d'une voix tremblante, — je... n'ai... pas... calomnié... j'ai... dit... ce... que... j'ai... vu... et...

— Vous avez interprété de la manière la plus perfide, la plus fausse... la plus outrageante, des adieux échangés entre mademoiselle Jourdan et M. le colonel Germain, pour qui elle ressent une vénération filiale... parce qu'il est un ancien ami de la famille de cette jeune personne.

— Hélas !... monsieur... je l'ignorais... — réplique Bachelard d'un ton piteux et repentant. — Je les ai vus s'embrasser... alors... je me suis dit...

— Savez-vous ce qui est arrivé ? — s'écrie Wolfrang en frissonnant ; puis se tournant vers Sylvia : — Du courage, amie, vous allez apprendre, je vous l'ai dit... un grand malheur... un irréparable malheur...

— Par pitié, Wolfrang... achevez...

— Robert Gérard... vous le savez... par son entretien de ce matin avec mademoiselle Antonine... est sorti éperdu... fou de jalousie...

— Sans doute... et vous deviez tâcher de savoir son adresse...

— Je l'ai sue : il demeurait dans un hôtel de la rue Montmartre.

— Vous l'avez vu...

— Il était trop tard...

— Trop tard !...

— Lorsque je suis arrivé à peu de distance de l'hôtel, j'ai vu de nombreux rassemblements dans la rue... je me suis informé...

Ah ! Sylvia... du courage !... Pauvre Antonine !...

— Grand Dieu ! — murmure Sylvia ! — quel pressentiment ?... Oh !... je tremble !...

— Albert Gérard venait de se brûler la cervelle.

— Wolfrang, après ces mots qui arrachent un cri d'effroi à Sylvia, se tournant vers Bachelard :

— Voilà, malheureux... ce dont vous êtes la cause !... Albert Gérard revenait à Paris pour épouser mademoiselle Jourdan, il vous a écouté... sa jalousie s'est éveillée... il s'est tué ! Vous avez frappé du même coup ces deux fiancés !

Un moment de silence et de stupeur douloureuse succède aux paroles de Wolfrang.

Sylvia frémit d'épouvante en songeant au désespoir d'Antonine. M. Lambert, ainsi que toutes les personnes assistant à la soirée de la veille, avaient été frappés de la modestie et de la bonne grâce de la jeune artiste. Aussi oublie-t-il un moment ses malheurs, profondément impressionné par le récit de ce sinistre évènement ; et, partageant l'émotion de son mari, Francine oublie un instant aussi ses chagrins...

Bachelard, curieux, bavard, médisant à outrance... sournois et rancunier, était, ainsi qu'on l'a dit, — encore plus bête que méchant, et en apprenant la catastrophe dont il est cause, en grande partie du moins, son désespoir fut si vrai, il fut tellement bouleversé, qu'il perdit à demi connaissance ; ses jambes flageolèrent ; il tomba sur ses deux genoux en sanglotant, et murmura d'une voix égarée :

— Monstre que je suis !... j'ai causé la mort d'un homme ! Est-il possible.. moi ! mon Dieu... mon Dieu !... la... mort d'un homme !...

— Sortez ! — dit avec indignation le libraire à son commis ; — j'ai longtemps, par pitié, toléré vos défauts... mais mon indulgence deviendrait coupable si je pardonnais un acte si odieux... Demain vous aurez quitté cette maison. — Ne tentez pas de me fléchir.. ma décision est irrévocable...

— J'ai mérité mon sort... — balbutie le commis, sincèrement repentant ; — je sais bien que je n'ai pas de grâce à attendre.

Et Bachelard, parvenant non sans peine à se relever et à gagner, chancelant, la porte, en s'appuyant aux murailles, sort en répétant au milieu de ses sanglots :

— Mon Dieu !... mon Dieu !... la mort d'un homme !... j'ai causé la mort d'un homme !

Pendant que M. Lambert signifiait à Bachelard son congé, Wolfrang s'empressait de réconforter sa compagne tremblante, éplorée, en songeant au coup affreux dont était menacée Antonine... et au triste devoir qu'il lui fallait accomplir... elle, Sylvia, en apprenant à sa nouvelle amie le suicide de son fiancé...

— Courage, Sylvia, — disait tendrement Wolfrang ; — consolez-vous... en pensant... que du moins... venant de vous... cette funeste nouvelle... perdra, je l'espère, quelque peu de son horreur... aux yeux d'Antonine... Elle aura, grâce à vous, un cœur aimant, dévoué, où épancher ses larmes... Combien serait-elle plus à plaindre encore... si, réduite à l'isolement, elle était privée de toute sympathie, de toute compassion !

Wolfrang, offrant alors son bras à sa femme :

— Allons, courage, vaillant et généreux

cœur!... grande et pénible est la tâche... mais elle est digne de vous... cette tâche sacrée... dévolue à votre amitié pour Antonine.

— Adieu, madame Lambert, dit Sylvia, et au revoir.

Puis, la jeune femme faisant involontairement allusion aux secrets chagrins de Francine et de son mari :

— Hélas! dans nos malheurs... pensons toujours aux plus malheureux que nous, et nous supporterons plus courageusement nos peines.

— Veuillez, ainsi que monsieur Lambert, m'excuser de vous avoir ainsi attristée,— dit Wolfrang au libraire en sortant de la chambre. — Mais telle était la gravité de cet évènement, que, sachant Sylvia chez vous, je me suis hâté de venir le lui apprendre.

— Cette nouvelle m'a navré, monsieur, — répond le libraire accompagnant Wolfrang et Sylvia jusqu'à la porte extérieure. — Il est impossible de ne pas s'intéresser à mademoiselle Jourdan. Mon vif regret est que mon commis soit cause de cette catastrophe, terrible leçon qui, je l'espère comme vous, monsieur, doit profiter à ce malheureux... car du moins son repentir est vrai.

— Son repentir lui méritera peut-être sa grâce auprès de vous ?

— C'est impossible, madame... sa présence dans cette maison rappellerait sans cesse à mademoiselle Jourdan son malheur, et veuillez lui dire quelle part ma femme et moi nous prenons à son infortune, — répond M. Lambert en prenant congé de Wolfrang et de Sylvia.

— Allons, doux ange de consolation, monte accomplir ta mission céleste auprès d'Antonine, — dit Wolfrang à sa compagne, et il ajoute avec un triste sourire : — Moi, je descends aux régions infernales.

— Aux régions infernales ?

— Je vais chez la duchesse della Sorga.

— Prends garde ! mon Wolfrang, prends garde !

— Il me faudra bien employer tous les moyens afin de te convaincre, puisque tu n'es pas encore convaincue.

— Hélas non !... combien de douleurs, de sacrifices, de larmes, de hontes, de tortures chez les *bons !*... combien d'audace, d'orgeuil, de sérénité, de bonheur impuni chez les *méchants !*

— Au contraire, ma Sylvia bien-aimée... combien de honte, combien de tortures chez les *méchants!*... combien de légitime orgueil, combien de bonheur et de sérénité chez les *bons !*... Quels châtiments terribles pour les uns !... quelles célestes récompenses pour les autres ! Quel paradis pour les *élus !*... quel enfer pour les *damnés*... en ce monde-ci !

— Toujours ce paradoxe, Wolfrang ?

— Toujours cette vérité, Sylvia.

— Quoi ! tout ce qui s'est passé hier... et aujourd'hui dans cette maison...

— Prouve la réalité de ce que j'affirme... et, dans la nuit de demain, tu t'en convaincras... Mais, — ajoute Wolfrang, prêtant l'oreille vers la partie inférieure où il entend un bruit de voix. — Quelqu'un vient, je descends chez la duchesse... je te raconterai cet entretien... bien étrange il sera... Sylvia !...

— Encore une fois, prends garde... cette femme doit être si méchante!...

— C'est elle qui doit trembler... Mais, vas retrouver Antonine... Quant aux ménagements à garder pour l'instruire de cette funeste nouvelle, ton cœur te guidera, mon ange bien-aimé !

Tandis que la jeune femme gravit les degrés de l'escalier, afin de se rendre chez mademoiselle Jourdan, Wolfrang les descend afin de se rendre chez la duchesse della Sorga ; et, au moment où il atteint les dernières marches aboutissant sous la voûte de la porte cochère, il reconnaît que le bruit de voix qui, un instant auparavant, attirait son attention, provenait d'un dialogue assez animé entre la pétulante mademoiselle Cri-cri, et le flegmatique et révérencieux *Saturne* le concierge.

— Puisqu'il y a écriteau... l'appartement du premier est à louer, — s'écriait mademoiselle Cri-cri, — et puisque l'appartement est à louer... je le loue... et tout de suite... je paie une année d'avance, s'il le faut.

— J'ai déjà eu l'honneur de faire observer à madame, que l'un des appartements du premier étage était en effet à louer, mais que je n'avais point mission de traiter de cette location.

— Dieu ! que vous êtes embêtant, mon

cher, avec vos phrases ! mais dites-moi donc tout de suite où demeure le propriétaire... et en deux mots l'affaire sera conclue... pnisque je paie d'avance... et je veux emménager ici, aujourd'hui même. Voyons, où demeure-t-il le propriétaire ? Est-ce que vous avez peur que je le mange ?

Saturne, debout au seuil de sa loge, aperçoit alors Wolfrang, à qui Cri-cri tourne le dos; le concierge comprend à un geste expressif de son maître qu'il ne veut pas, lorsqu'il va passer près de la jeune femme, lui être signalé comme le propriétaire de la maison. En effet, il descend les dernières marches de l'escalier, traverse la voûte sans paraître remarquer Cri-cri, et se dirige vers le jardin de l'hôtel occupé par le duc della Sorga.

— Tiens ! tiens !... quel beau garçon !... — dit Cri-cri en suivant Wolfrang du regard, et s'adressant à Saturne : — Qu'est-ce que c'est donc que ce monsieur-là ?

— Madame m'ayant fait l'honneur de m'observer que j'abusais de la phrase, et de...

— J'ai dit que vous étiez embêtant, mon

cher... c'est plus court... faites comme moi, soyez bref...

— Donc, afin d'être bref, et de correspondre aux désirs que madame veut bien me témoigner, j'aurai l'honneur de répondre à madame...

— Il appelle ça être bref... quelle calebasse !

— J'avais donc l'honneur de répondre brièvement à madame que ce n'est point M. le propriétaire de la maison, mais bien son fondé de pouvoir, M. l'intendant, qui est chargé de traiter de la location des appartements.

— Enfin !... Eh bien, où demeure-t-il, cet intendant ?

— Madame n'a qu'à traverser la cour, entrer dans l'allée à main droite, et au fond du jardin où elle trouvera un hôtel où elle demandera M. Tranquillin, c'est le nom de monsieur notre intendant.

— Tranquillin !... — dit Cri-cri, — en voilà un nom qui suffit d'avance à vous faire bouillir le sang dans les veines... Je vais donc le trouver... et il faudra bien, bon gré mal gré, qu'il me loue l'appartement, car je veux emménager ici ce soir... moi !

Et mademoiselle Cri-cri se dirige vers l'hôtel occupé par Wolfrang, tandis que Saturne, saluant profondément cette effrontée :

— J'ai l'honneur de présenter à madame mes respectueux hommages.

FIN DE LA DEUXIÈME PARTIE.

TROISIÈME PARTIE

I

Sylvia, lorsqu'elle entra chez Antonine Jourdan afin de lui apprendre le suicide d'Albert Gérard, la trouva occupée à écrire. Elle était pâle, mais calme. Elle salua la venue de son amie d'un sourire doux et triste ; et restant assise devant sa table :

— Chère Sylvia, vous le voyez, j'agis avec vous sans cérémonie ; accordez-moi quelques instants, afin d'achever cette lettre que j'écris à

Albert, et, je l'avoue, de cette lettre, j'ai bon espoir. Vous la lirez dans un instant.

La jeune femme, déconcertée par ce début, qui rendait plus pénible encore sa pénible mission, s'asseoit sans répondre, et au milieu du profond silence que gardent les deux amies, l'on entend le léger bruit de la plume d'Antonine courant sur le papier avec une rapidité fébrile, coupée çà et là de légères intermittences, pendant lesquelles Antonine demeure pensive, son front appuyé à sa main gauche ; puis sa plume recommence à courir. (Les différentes nuances des sentiments qu'elle exprime dans sa lettre semblent, pour ainsi dire, se réfléchir sur la physionomie de la jeune artiste... tantôt navrée par la douleur, tantôt rassurée à la voix de sa conscience irréprochable, tantôt abattue et comme accablée sous le poids d'une invincible fatalité, tantôt enfin renaissant à l'espérance. Ce dernier sentiment paraît prévaloir dans la pensée d'Antonine, lorsqu'elle est sur le point d'achever sa lettre, et Sylvia qui l'observe avec une angoisse indicible, lit clairement sur les traits, soudain éclaircis de son amie, cette espérance.

— Il est impossible qu'Albert résiste à de pareilles raisons. Et cette dernière créance prend sur l'esprit de la jeune fille un tel empire qu'elle ne peut s'empêcher, en terminant sa missive, de murmurer à demi-voix :

— Je serai restée fidèle au plus sacré des devoirs, et je défie Albert de douter maintenant de mon innocence...

— L'infortunée... elle écrit à un mort ! — pense Sylvia, au moment où Antonine, quittant la table, tenant sa lettre à la main et se rapprochant de la jeune femme, lui dit, la figure presque souriante : — Et maintenant, lisez, chère amie, tendre sœur, et vous partagerez mes espérances...

La jeune artiste, prenant alors place sur le sofa auprès de son amie, appuie avec une touchante et gracieuse familiarité sa joue sur l'épaule de Sylvia, qu'elle enlace de l'un de ses bras, et se dispose à suivre des yeux cette lecture qu'elle confie à l'amitié.

Ce qu'éprouvait Sylvia, on le devine... Tantôt elle se reprochait, comme une cruauté, de laisser Antonine s'affermir, s'ancrer dans son dernier espoir ; tantôt elle pensait, au contraire, qu'une révélation trop brusque pouvait porter un coup mortel peut-être à l'infortunée. Ce fut ainsi qu'agitée par ces hésitations, et palpitante d'anxiété, Sylvia se résolut, malgré la fermeté de son caractère, à gagner du temps, en cédant au désir de son amie et attermoyant de la sorte cette révélation terrible qu'elle différait de minute en minute.

Cette lettre, dont Sylvia commence de prendre lecture, était un chef-d'œuvre de franchise et de simplicité, de passion et de candeur, d'indulgence et de dignité, de raison et de tendresse. Chaque ligne, chaque mot, portaient l'empreinte d'une âme forte, loyale, et d'une conscience sûre d'elle-même. L'irrésistible logique de l'honnêteté, la vertu s'affirmant dans sa fierté naïve, donnaient une autorité entraînante à ces pages, attendrissantes comme une larme, graves comme le devoir, éloquentes comme un cri du cœur, et convaincantes comme le serment de l'honneur.

Antonine remémorait rapidement à Albert le passé, depuis les premiers jours de leur adolescence jusqu'à la scène douloureuse du matin; et faisant appel à ses souvenirs, aux faits de la nombreuse correspondance échangée entre les deux fiancés, elle lui démontrait que jamais, dans quelque circonstances que ce fût, elle ne s'était trouvée en contradiction avec elle-même, et terminait par ce dilemme sans réplique :

...« Ou bien elle était en un jour devenue un
» monstre de duplicité, d'hypocrisie, de bas-
» sesse, de corruption, puisque, maîtresse du
» colonel Germain, elle offrait son indigne
» main à son fiancé, avec l'audace du men-
» songe et l'impudence du vice. Ou bien elle
» était et avait toujours été irréprochable. »

Il n'existait pas de terme moyen entre ces deux extrémités ; il ne s'agissait plus de reproches d'imprudence, de légèreté, d'apparences compromettantes, à adresser à la jeune fille. Antonine était *pure* ou *infâme*. Elle défiait Albert d'oser s'affirmer à lui-même, dans le recueillement de son for intérieur, qu'elle était une infâme... Donc elle était pure... »

Aussi la valeureuse et sainte enfant n'ayant pas reculé devant l'accomplissement du sacrifice que lui imposaient la religion du serment et son culte pour la mémoire de sa mère, avait-elle eu le droit de dire en terminant sa lettre :

« Je serai restée fidèle au plus sacré des
» devoirs, et je défie Albert de douter main-
» tenant de mon innocence. »

Hélas! Sylvia la partagea, cette conviction, après avoir achevé la lecture de cette lettre...

— Non, non, cent fois non! Si aveugle, si folle que fût la jalousie de ce malheureux, et malgré ce qu'il y avait d'inexplicable à ses yeux dans la familière intimité d'Antonine et du colonel Germain, — s'écriait la jeune femme, — Albert n'aurait pu se refuser à croire à l'innocence de sa fiancée... mais, hélas! il n'est plus à cette heure qu'un cadavre!...

Cette affreuse pensée rappelait à Sylvia que le moment fatal était venu; elle devait annoncer à Antonine le suicide d'Albert Gérard.

— Chère Sylvia, — reprend la jeune artiste, relevant sa tête jusqu'alors appuyée sur l'épaule de sa compagne, — ai-je tort de bien augurer de ma lettre?

— Je le crains...

— Vraiment? — dit Antonine, d'abord

surprise et affligée de la réponse de son amie; puis, souriant à demi : — Voyez, tendre amie, ma confiance présomptueuse, non pas en moi, mais dans la bonté de ma cause; cette lettre ne vous satisfait pas, et cependant j'ai grand espoir en elle.

— Vous vous méprenez sur le sens de mes paroles, chère Antonine; votre lettre me satisfait complètement, car elle me semble irrésistible comme la vérité. Oui, si j'avais pu douter de vous, cette lettre m'aurait convaincue et elle convaincrait votre fiancé... s'il pouvait l'être... encore.

— Il le sera... tout me dit qu'il le sera. Cet espoir, pauvre amie, vous paraît déraisonnable, Sylvia?

— Ah! que trop! que trop!...

— A moi aussi, d'abord, il me paraissait déraisonnable; puis, je ne sais quels heureux et invincibles pressentiments ont dissipé les craintes de ma raison.

— Les pressentiments sont souvent bien trompeurs, Antonine.

— Comment, cependant, n'y pas croire? Tenez, tout à l'heure encore, mon cœur était cruellement oppressé, et maintenant il s'allége, il s'épanouit en votre présence, chère Sylvia, qui me cause cet allégement... peut-être; et pourtant... non, non... je serai franche, l'espérance seule opère ce prodige... Je connais si bien mon Albert! voyez-vous... il est, avant tout, homme du premier mouvement... bon ou mauvais; il y cède avec la violence de son caractère ; puis, s'il reconnaît plus tard son erreur, sa droiture et la réflexion le ramènent à la vérité. En voulez-vous un exemple bien frappant? Est-ce que, hier soir, Albert ne voulait pas me tuer?... Qu'est-il arrivé? Ce matin il était ici, repentant, désolé de ses emportements... Aussi, je vous le dis, tendre sœur, espérons, rassurez-vous...

— Grand Dieu! pensait Sylvia, c'est elle qui me rassure! Et la jeune femme reprend tout haut : — Antonine... ma sœur, ma pauvre sœur ! j'ai maintenant assez de confiance dans la fermeté de votre caractère, assez de confiance dans les consolations que mon amitié peut vous offrir, pour vous dire sans déguisement, sans détour...

— Achevez...

— Antonine, renoncez à Albert, renoncez-y à jamais...

La jeune artiste tressaille, pâlit, regarde fixement son amie, puis, d'une voix atterrée :

— L'accent de vos paroles me glace, Sylvia...

— C'est que je suis glacée moi-même, Antonine ; touchez ma main...

— Elle est froide comme le marbre, — s'écrie la jeune artiste ; — vos yeux se remplissent de larmes ! Mon Dieu ! qu'avez-vous donc à m'apprendre ?

— Un malheur, un grand malheur !

— Albert est parti ! — s'écrie soudain la pauvre artiste, tremblante et interrogeant d'un regard plein d'angoisses le regard de son amie. — Ne me cachez rien, j'aurai du courage ! Dites... Albert est parti ! Ah ! si un pareil malheur, un bien grand malheur !... vous l'avez dit, devait me frapper... Mais non ! c'est impossible !... Je connais Albert, et malgré ce qui s'est passé ce matin, malgré sa fureur, malgré ses adieux éternels, je ne peux croire et ne veux croire qu'il m'abandonne pour toujours, sans même tenter de me revoir, sans m'écrire. Non, non, ce serait lui faire injure que de le supposer capable de tant de cruauté !

— Vous étiez résignée à cette séparation éternelle, pauvre sœur ! Je ne reverrai jamais Albert, me disiez-vous ce matin !

— Ah ! — s'écrie Antonine avec un sourire déchirant : — ce sont là de ces choses que l'on dit, que l'on croit dans le premier étourdissement d'un désespoir insensé ; mais plus tard, la raison revient... elle m'est revenue, et je n'ai pas cru... je ne crois pas à l'abandon d'Albert. Est-ce que je lui aurais écrit sans cela ? Vous avez lu ma lettre... dites... dites ! Est-ce que l'on écrit ainsi à quelqu'un dont on craint l'abandon, Sylvia ?

— Je vous dis, pauvre amie, qu'il faut vous résigner à un malheur irréparable... Je vous dis que...

— Non ! non ! — s'écrie Antonine, interrompant son amie et se débattant contre la terreur d'une réalité dont elle s'opiniâtre à douter encore. — Non ! Albert n'est pas parti, il ne peut pas être parti ! Peut-être n'aura-t-on pu trouver son adresse ?... Mon Dieu ! mais j'y songe, maintenant, et je l'oubliais.

Nous étions convenus tantôt que vous lui écririez...

— J'ai tenu ma promesse, Antonine ; ma lettre contenait tout ce que je croyais susceptible de ramener ce malheureux ; mais...

— Hélas ! j'étais si brisée qu'il me semblait impossible de lui écrire moi-même. M. Wolfrang devait lui porter votre lettre à l'hôtel de la rue Montmartre, où il a l'habitude de descendre ; et si on ne le trouvait pas là, le colonel Germain, que j'attends, devait aller à l'état-major de la place, je crois, s'informer de l'adresse d'Albert.

— Wolfrang, en effet, s'est chargé de porter ma lettre à Albert, et...

— Et M. Wolfrang n'aura pas sans doute rencontré Albert rue Montmartre ? — reprend Antonine, interprétant selon ses désirs, la suprême hésitation de son amie à lui répondre, car le moment était venu de lui apprendre le suicide de son fiancé. La jeune artiste poursuit donc, s'efforçant de se rassurer : — Il est bien regrettable, sans doute, que M. Wolfrang n'ait pu remettre votre lettre à Albert ; elle l'eût mieux disposé à lire la mienne... mais enfin, ce malheur est réparable... Le colonel Germain va d'un moment à l'autre nous apporter l'adresse d'Albert, et lors même qu'il ne l'apporterait pas, est-ce que ce serait une raison pour que je crusse à cet abandon? Oh! non, non, malgré sa violence, Albert est le plus noble cœur qu'il y ait au monde... il sait combien je l'aime... et que son départ me...

Antonine s'interrompt, frémit, puis :

— Mais, tenez, Sylvia, je ne veux pas seulement penser à cela... car, à cette seule pensée, tout mon sang me remonte au cœur ; et, tenez, je vous prie, ce que vous me disiez tout à l'heure... touchez ma main... je la sens froide comme celle d'une morte.

II

Sylvia, voyant son amie si bouleversée à la seule appréhension de l'abandon d'Albert, se vit encore forcée d'attermoyer pendant un moment l'aveu fatal, cherchant une transition afin de le rendre moins affreux à Antonine, pour qui le départ de son fiancé était déjà un malheur si redoutable, qu'elle ne pouvait se résoudre à y ajouter foi. Que serait-ce donc lorsqu'elle apprendrait sa mort?

Enfin, la jeune femme faisant sur elle-même un violent effort, reprit, avec l'accent, d'une commisération navrante :

— Pauvre sœur ! mon cœur se brise en songeant au coup horrible que je vais vous porter... Cependant, il le faut, il le faut !... la sécurité où vous êtes me désole, m'épouvante...

— L'espérance, si fondée qu'elle soit, Sylvia, est bien loin, hélas ! de la sécurité !

— L'espérance !... mais, mon Dieu, je vous l'ai dit, je vous le répète et l'affirme : il serait insensé de votre part de conserver le moindre espoir, infortunée que vous êtes... Mais, sachez-le donc : le départ, l'abandon d'Albert... et pesez bien mes paroles : le départ, l'abandon d'Albert seraient pour vous presque un bien... entendez-vous ?... oui, presque un bien, comparés à la terrible réalité... que la peur de vous voir succomber sur le coup... retient sur mes lèvres... depuis que je suis entrée chez vous...

— Le départ, l'abandon d'Albert, dites-vous, Sylvia, seraient pour moi un bien, comparés à la réalité... que vous tremblez de m'apprendre, — répète lentement et avec stupeur la jeune artiste, cherchant à se rendre compte de ces paroles.

Puis attachant sur Sylvia un regard interrogatif :

— Je ne vous comprends pas, mon amie.

Sylvia se recueille une dernière fois, puis, d'une voix tremblante :

— Antonine, Albert a été soldat en Afrique ; et, comme tel, souvent exposé à un danger de mort...

— Malheureusement !

— Si horrible que fût cette supposition, ne vous est-il jamais venu à l'esprit que votre fiancé pouvait un jour être blessé à la guerre ?

— Oui, cette funeste pensée s'est souvent présentée à mon esprit, — répond d'abord presque machinalement la jeune artiste ; — Lorsqu'elle est devenue non plus une crainte, mais une certitude, quand, il y a trois ans, Albert a été grièvement blessé en Algérie, j'ai..

Mais, tressaillant et paraissant frappée d'une alarme soudaine contre laquelle elle s'efforce de lutter, Antonine balbutie avec une angoisse et une frayeur croissantes :

— Pourquoi cette allusion à une blessure que pourrait recevoir Albert ? Pourquoi cette supposition, Sylvia ?

— Plût au ciel ! pauvre chère créature, que ce fût une supposition ? Sachez-le donc, Albert...

— J'ai compris... Albert s'est battu avec le colonel Germain, et il est blessé !... — s'écrie Antonine d'une voix déchirante. — Ils se seront revus, Albert l'aura attendu à la porte, il l'a provoqué sans doute, et à ce dernier outrage, le colonel, malgré les promesses qu'il m'a faites, aura...

Antonine n'achève pas, tant est affreuse pour elle la pensée d'un duel entre son père et son fiancé. Elle reste muette de terreur et cache son visage entre ses mains.

Sylvia reconnaît avec un indicible chagrin la vanité de la nouvelle transition qu'elle ménageait, afin d'apprendre le suicide d'Alber Gérard à Antonine, qu'elle voit encore s'éloigner de la sinistre réalité par des suppositions presque aussi désolantes que cette réalité même, et subissant ainsi tant de tourment stériles avant d'arriver à la connaissance de vérité.

Aussi, craignant que l'infortunée n'épuise, pour ainsi dire, ses forces dans ces tortures inutiles et n'ait plus alors la force de résister au véritable coup dont elle est menacée, Sylvia, perdant sa présence d'esprit, oubliant tout ménagement, se jette au cou d'Antonine, et ne pouvant plus contenir ses larmes, s'écrie en sanglotant :

— Ce matin, en sortant d'ici, Albert s'est suicidé... il est mort !...

Alors il se passa quelque chose de déchirant.

Antonine, devenue livide, se dégage de l'étreinte de son amie éplorée, la repousse, et, palpitante, se courbant à demi, afin d'envisager en face la jeune femme vers qui elle tend ses deux mains agitées d'un tremblement convulsif, elle attache sur elle son regard fixe, dilaté outre mesure et devenu effrayant ; puis, presque égarée, elle reprend d'une voix brève, saccadée :

— C'est impossible, ce que vous dites là... madame !

— Je vous le jure, c'est la vérité, — murmure Sylvia presque suppliante, car le regard d'Antonine l'épouvante. — Je vous le jure.

— Ce n'est pas vrai!... vous me trompez!...

— Antonine! par pitié! écoutez-moi, je vous affirme que...

— Taisez-vous!... Si vous disiez vrai, malheureuse femme, vous me feriez maudire ma mère!...

Ces mots furent prononcés par la jeune artiste avec l'exaltation d'une douleur si farouche, que Sylvia, bien qu'elle ne pût pénétrer leur sens réel, sentit que ces paroles, que ce cri, étaient l'expression du désespoir arrivé à son paroxisme. Cependant, elle fut encore plus terrifiée lorsque, témoignant tout à coup d'un calme étrange, Antonine, complètement égarée, l'œil sec et ardent, saisit rudement son amie par le bras, et lui dit d'une voix presque menaçante :

— Il ne suffit pas, voyez-vous, de dire : Il est mort! il faut le prouver, madame!

— Je vous en conjure, Antonine, revenez à vous... votre raison se trouble... vous ne me reconnaissez plus... c'est moi, Sylvia...

moi, votre amie... votre sœur qui vous parle.

— Il ne s'agit pas d'amie et de sœur! répondez : où cela? quand cela? comment cela?

— Ces détails sont affreux, Antonine; ne m'obligez pas à vous les donner. Revenez à vous.

— Je vous le demande encore une fois : où cela? comment cela?

— Mais c'est impossible! ce serait vous tuer... et, en ce moment, je ne peux vous dire...

— Ah! vous ne pouvez pas dire!... Vous mentez!... j'en suis sûre moi... IL n'est pas mort!

— Malheureuse enfant! il faut tenter de l'apaiser, comme l'on apaise les fous, — se dit Sylvia.

Et elle reprend tout haut :

— Eh bien, Antonine, écoutez-moi... vous voulez des détails?

— Ah! vous pouvez donc m'en donner, maintenant?

— Oui.

— C'est bien heureux!... Voyons?

— Tantôt Wolfrang est allé porter ma lettre... à... à... M...

— A Albert... Achevez donc!... Et puis?

— Il était descendu, selon son habitude, à l'hôtel de la rue Montmartre...

— Après?

— Wolfrang, en approchant de l'hôtel, a vu dans la rue des rassemblements...

— Ah!... et pourquoi ces rassemblements?

— Antonine... vous m'épouvantez!

— Pourquoi ces rassemblements?

— Parce que le bruit venait de se répandre, qu'un terrible évènement...

— Qu'un terrible évènement?... Achevez donc! vous vous interrompez... à chaque mot...

— Un terrible évènement venait de se passer dans l'hôtel de la rue Montmartre... Un jeune militaire... venait de...

— Venait de?...

— Se brûler la cervelle...

Un frémissement convulsif fait trembler tout le corps d'Antonine; elle garde un moment le silence, puis :

— Répétez cela... répétez cela...

— Ce militaire, — reprend Sylvia, dont les forces étaient à bout, — ce militaire venait de se brûler la cervelle...

— Et c'était LUI ?

— Hélas !...

— Vous en êtes bien sûre ?...

— Oui.

— Vous me le jurez... c'était LUI ?

— Je vous le jure...

— Merci !...

Antonine, durant ce bref et rapide dialogue, était restée debout et comme roidie par la tension convulsive de la douleur ; ses traits, non moins tendus, son œil fixe et sec, exprimaient, si cela se peut dire, une sorte de calme égarement, et une certaine lucidité, malgré le trouble de son esprit ; ses questions et ses réponses étaient logiques dans leur effrayant sangfroid. Lorsqu'elle termina l'entretien par ce mot : *Merci...* dont l'accent ne peut se traduire, elle avait évidemment compris toute l'étendue de son malheur, et de ce moment aussi, ses traits commencèrent peu à peu de se détendre, et à la contraction nerveuse qui roidissait, si l'on peut s'exprimer ainsi, son être physique et moral, succéda une prostration croissante. Antonine, jusqu'alors debout, s'assit, et repliée sur elle-même, ses coudes sur ses genoux, son front dans ses deux mains, le regard fixe et baissé, parut sonder l'abîme de douleur ouvert devant elle par la mort tragique de son fiancé...

Sylvia, silencieuse, immobile, contemplait son amie avec une sollicitude remplie d'angoisses, pensant avec une satisfaction amère que l'infortunée envisageait du moins en face la terrible réalité, et que bientôt viendrait l'heure des consolations de l'amitié.

Ces consolations, Sylvia ne tenta pas de les offrir encore à la jeune fille, sachant leur vanité actuelle, et sachant aussi, par les rudesses qu'elle venait d'éprouver sans en être d'ailleurs en quoi que ce soit blessée, combien était irritable et farouche la susceptibilité d'un pareil chagrin. Elle observait Antonine avec l'anxiété la plus attentive, et bientôt elle s'aperçut qu'elle tenait ses paupières closes, et que ses larmes, d'abord rares et lentes, coulaient peu à peu sans intermittence, et bientôt ruisselaient sur le visage de l'infortunée.

— Elle pleure... elle est sauvée... — se disait Sylvia, à l'instant où son amie se leva lentement, fit, non sans peine, quelques pas chancelants vers le fond du salon où se voyait le portrait de sa mère ; puis, les mains jointes et tombant à genoux dans l'attitude de la prière, elle murmura d'une voix éteinte et avec l'expression d'un poignant repentir :

— Pardonnez-moi, ma mère, pardonnez-moi ! Un moment, je vous ai maudite, ayez pitié de moi... inspirez-moi, secourez-moi, ma mère !

Antonine resta agenouillée, les mains jointes, mais si accablée, si écrasée sous le poids de sa douleur, et penchant tellement son front vers le parquet, que son visage disparut aux yeux de Sylvia ; elle ne vit plus que la naissance du cou flexible et blanc de la jeune fille, et la natte épaisse de sa chevelure, tordue derrière sa tête.

Ces mots, prononcés par Antonine avec l'accent d'un repentir poignant, puis de la plus fervente peière :

« — Pardonnez-moi, ma mère ! un mo-
» ment je vous ai maudite... Ayez pitié de
» moi... inspirez-moi... secourez-moi !... »

Ces mots frappèrent Sylvia ; ils se rapportaient à cette exclamation échappée à la jeune fille en apprenant le suicide d'Albert :

« — Cela n'est pas vrai... car si cela était... » vous me feriez maudire ma mère... »

Sylvia, n'osant troubler le pieux recueillement d'Antonine qui, dans sa croyance et dans sa religion filiale, saintes parmi toutes, priait, implorait, invoquait sa mère, ainsi que d'autres prient Dieu ; Sylvia se demandait quel pouvait être le sens de l'exclamation d'abord arrachée à son amie par la mort d'Albert, lorsqu'elle vit la porte du salon s'ouvrir doucement et apparaître au seuil le colonel Germain.

Celui-ci s'arrête à un signe expressif et à un geste rapide de la jeune femme qui, portant un doigt à ses lèvres, désigne au colonel Antonine agenouillée et si profondément recueillie, absorbée, qu'elle ne s'est pas aperçue de la présence de son père.

Sylvia se lève alors, traverse sur la pointe du pied le salon, dont elle referme sans bruit la porte derrière elle, et se trouvant seule avec le colonel Germain dans la pièce voisine, elle dit à voix basse :

— Monsieur, un horrible malheur est arrivé...

— De grâce, madame, duquel parlez-vous ? Vous m'alarmez.

— Ce malheureux jeune homme n'a pu résister à l'égarement de la jalousie insensée...

— Quoi !... il abandonnerait mademoiselle Jourdan ?

— Ce matin, monsieur, rentrant éperdu dans l'hôtel où il logeait...

— Eh bien, madame ?

— Il s'est tué...

Mais aussitôt Sylvia, d'un geste rapide, suspendant sur les lèvres du colonel Germain, un cri de surprise et d'effroi prêt à lui échapper :

— Silence, monsieur !... Cette malheureuse enfant sort à peine d'une crise effrayante, à laquelle j'ai craint de la voir succomber...

— Ah ! madame ! — reprend à voix basse le colonel Germain, contenant à peine son émotion, — ce que vous m'apprenez là est affreux. Et Antonine...

— Elle sait tout...

— Grand Dieu !... elle en mourra !...

— Nous la sauverons, je l'espère, de son désespoir... Mais, je vous l'avoue, monsieur, mes forces sont à bout, — ajoute la jeune femme d'une voix brisée ; — je ne puis vous dire ce que j'ai souffert avant de pouvoir persuader Antonine de la sinistre vérité...

— Quoi! madame, vous avez eu le courage... de lui apprendre cet horrible malheur ?

— Oui... dans l'espoir de rendre à Antonine le coup moins cruel... Mais je vous l'ai dit, monsieur, mes forces sont à bout, je vous laisse avec elle... Je reviendrai bientôt la revoir... En attendant, consolez-la, réconfortez-la ; elle pourra du moins s'épancher librement en vous... Espérons, monsieur... espérons... nous la conserverons... Adieu ! et si elle s'étonne de mon absence momentanée, dites-lui ce qui est... C'est qu'après tant d'émotions... j'ai eu besoin de quelques instants de calme, de recueillement, et que je savais qu'à défaut de mes consolations, celles de votre amitié ne lui manqueraient pas... Dans une heure, je reviendrai... Ainsi, monsieur, à revoir, à bientôt.

Sylvia, épuisée en effet pas de si violentes

secousses, avait grande hâte et grand besoin de retourner chez elle, certaine d'ailleurs de laisser auprès d'Antonine un ami dévoué.

La jeune femme, après avoir descendu, d'un pas chancelant, l'escalier de la maison, traversa la cour, puis le jardin de son hôtel, et s'apprêtait à en monter le perron, lorsque, apercevant Tranquillin, qui sortait du péristyle :

— Où est Wolfrang ?...

— Ah! mon Dieu ! — dit le bonhomme, — combien mon honorée maîtresse paraît souffrante !...

— En effet, je suis un peu souffrante... donnez-moi votre bras, Tranquillin, pour monter le perron...

Et s'appuyant sur le bras du digne serviteur, Sylvia lui dit en montant péniblement les degrés :

— Où est Wolfrang ?

— Mon honoré maître est chez madame la duchesse della Sorga, et je vais le rejoindre pour lui communiquer une chose énorme dont madame me voit stupéfait... et...

— Lorsque Wolfrang sortira de chez madame della Sorga, vous le prierez de venir me rejoindre, — répondit Sylvia, — sans attacher d'importance aux paroles du digne intendant, le sachant enclin à grossir jusqu'à l'énormité les incidents les plus ordinaires.

— Wolfrang me trouvera dans notre atelier.

— Je vais de ce pas l'avertir; mais mon honorée maîtresse ne veut pas que je la conduise jusque dans son appartement, ou que j'appelle sa femme? — reprit Tranquillin, après avoir offert son aide à Sylvia jusqu'au sommet du perron. — Madame semble si faible... si faible, que je crains de la laisser seule!...

— Merci, Tranquillin... Allez rejoindre Wolfrang et lui dire que je l'attends le plus tôt possible...

Sylvia entre dans l'hôtel, et Tranquillin se dirige rapidement vers la demeure de la duchesse della Sorga, se disant : — Grâce à Dieu, la présence de mon honoré maître suffira pour calmer et dissiper le chagrin qu'elle semble éprouver.

Puis, l'intendant revenant à ce fait qui lui semble énorme, monstrueux, lève les bras au ciel en exclamant : — Mademoiselle Cri-cri postulant la location de l'appartement vacant du premier étage! Mademoiselle Cri-cri! Et il faut que j'aille soulever l'indignation de mon honoré maître en lui faisant part de la prétention exorbitante, inouïe, de mademoiselle Cri-cri!... Elle, devenir notre locataire, bon Dieu! en quel temps vivons-nous?

FIN DU TROISIÈME VOLUME.

TABLE DES CHAPITRES

		Pages
Chapitre	XXV.	1
—	XXVI.	15
—	XXVII.	25
—	XXVIII.	31
—	XXIX.	47
—	XXX.	59
—	XXXI.	83
—	XXXII.	95
—	XXXIII.	113
—	XXXIV.	121
—	XXXV.	151
—	XXXVI.	169
—	XXXVII.	179
—	XXXVIII.	195
—	XXXIX.	209
—	XL.	223
—	XLI.	229
—	XLII.	243
—	XLIII.	251
—	XLIV.	257
—	XLV.	273
—	XLVI.	283
—	XLVII.	293
—	XLVIII.	303
—	XLIX.	313
TROISIÈME PARTIE		
—	I.	339
—	II.	351

FIN DE LA TABLE.

Fontainebleau, imprimerie de E. Jacquin.

COLLECTION A 3 FRANCS 50 LE VOLUME.

PAUL DE KOCK.

in-18.
Le Millionnaire.	2 vol.
La Demoiselle du cinquième,	2 vol.
Monsieur Choublanc,	1 vol.
Madame de Monflanquin.	2 vol.
La Bouquetière du Château d'Eau.	2 vol.
Les Etuvistes.	4 vol.
Un Monsieur très-tourmenté.	1 vol.

MARQUIS DE FOUDRAS.

Les deux Filles à Marier.	1 vol.
Le beau Favori.	2 vol.
Le bonhomme Maurevert.	1 vol.
Un Amour de Vieillard.	1 vol.
Les Veillées de saint Hubert.	2 vol.
Tristan de Beauregard.	1 vol.
Un Drame en Famille.	3 vol.
Un Caprice de grande dame.	3 vol.
Suzanne d'Estouville.	2 vol.
Un grand Comédien.	2 vol.

A. DE GONDRECOURT.

Les Prétendants de Catherine.	3 vol.
Le Baron Lagazette.	3 vol.
Mademoiselle de Cardonne.	2 vol.

EUGÈNE SUE.

Les Secrets de l'oreiller.	4 vol.
Les Fils de Famille.	5 vol.
La Famille Jouffroy.	4 vol.

ROGER DE BEAUVOIR.

Les Œufs de Pâques.	1 vol.
Camille.	1 vol.

XAVIER DE MONTÉPIN.

in-18.
Souvenirs d'un Garde du Corps, 1re série.	3 vol.
Id., 2e série.	3 vol.
L'Officier de Fortune.	4 vol.
Les deux Bretons.	3 vol.
Mademoiselle La Ruine.	3 vol.
La Sirène.	1 vol.
L'Idiot.	2 vol.
La Perle du Palais-Royal.	2 vol.
Un gentilhomme de Grand-Chemin.	3 vol.
Les Valets de Cœur.	2 vol.

ALEXANDRE DUMAS.

Madame du Deffand.	3 vol.
Vie et aventures de la princesse Monaco.	2 vol.

ALFRED DE GONDRECOURT.

L'Eté de la Saint-Martin.	1 vol.
Le Baron d'Arnouville.	2 vol.

MADAME ROGER DE BEAUVOIR.

Le Secret du Docteur.	1 vol.
Une Femme Forte.	1 vol.

OUVRAGES DIVERS.

Le nœud de ruban, par madame Ancelot.	1 vol.
Les Femmes de la Bourse, par Henry de Kock.	1 vol.
Les Couteaux d'or, par Paul Féval.	1 vol.
Elie, par Marcel Chasseriau.	1 vol.
Le Neuf de Pique, par la comtesse Dash.	4 vol.

www.ingramcontent.com/pod-product-compliance
Lightning Source LLC
Chambersburg PA
CBHW050532170426
43201CB00011B/1395